U0027437

The Complete
Conversations With God II（Vol. 2）

與神對話 II 下

尼爾・唐納・沃許——著
孟祥森——譯

目
CONTENTS
錄

上冊

下冊

9 你們的教育使世界走向地獄

好啦，我已經準備好談別的話題了。你曾答應要談談地球上一些範圍較大的話題，而自從你開始討論美國生活之後，我一直想請你在這方面說得更多一些。

對，沒錯。我要在第二部中談一些你們星球上範圍較大的議題。而你們最大的議題，莫過於對後代的教育。

這方面我們做得不好，是嗎？……你提這個議題，我想是這個意思……

當然，一切都是相對的。相對於你們說你們想要做的——嗯，不，你們做得不好。

我在此所說的一切，直到現在我討論的一切，都必須放在這個架構中來了解。我並不是在做「對」「錯」或「好」「壞」的審判。我只是就你們所說你們想要做的，來說明你們的效果。

我了解。

我知道你們會說你們了解，但不久——甚至就在本討論未完之前——你們就會指控我在做審判。

我永遠不會這樣指控你，我知道得很清楚。

「知道得很清楚」並未阻止你們在過去稱我為「審判者」。

我不會這樣稱呼你的！

等著瞧。

現在你想要談教育。

是。我觀察到你們大部分人誤解了教育的意義、目的和功用，更不用談如何把教育施行到最好了。

這話很重，你可以讓我更了解些嗎？

大部分的人類認定教育的意義、目的和功用是傳授知識。教育某人就是給某人知識——一般說來，又是某一家、某一族、某一部落、某一社會、國家和世界，所累積的知識。

然則教育跟知識沒有多大關係。

哦？你是在愚弄我！

當然！

那麼，教育跟什麼有關？

智慧。

智慧。

是。

好吧，我投降。不同在哪裡？

智慧是知識的展用。

所以我們不應試圖給我們後代知識，而應試圖給後代智慧。

最首要的是，不要「試圖」去做任何事。只是去做。其次，不要為智慧而忽視知識。這會致命，反過來說，也不要為知識而忽視智慧。這也會致命。那會殺了教育。在你們的星球上，就正在殺它。

我們為了教育忽視了智慧？

在大部分的情況下，是的。

我們怎麼做的？

你們教你們的孩子去想什麼，而不是如何去想。

請解釋一下。

當然。當你們給孩子知識時，你們是在告訴他們去想什麼。這是說，你們在告訴他們該去想什麼，告訴他們你們想要他們了解的是真的。當你們給孩子智慧時，並不告訴他們去知道什麼，或什麼是真的，而寧可是如何自求真理，自尋真相。

但如果沒有知識，便不可能有智慧。

我同意。這就是我為什麼說，不應為智慧忽視知識。每一代都必須對下一代傳授某些知識。這顯然不過。但要盡可能的少。越少越好。讓孩子自己去發掘。要知道：知識會失去，智慧永遠不忘。

所以我們的學校應該教得越少越好？

你們的學校應把重點調轉。現在的焦點大量放在知識上，對智慧的注意則少之又少。對許多父母而言，批判性的思考、解決問題和邏輯之類的課程，都會讓他們感到威脅，因此想把這類課程取消。如果他們想要保護自己的生活方式，他們也真的應把這類課程取消。因為，如果允許孩子去發展批判性思考，他們很可能會鄙棄父母的道德觀、標準，和整個生活方式。

為了保護你們的生活方式，你們構築了一套教育體制，基礎是發展孩子的記憶，而不是能力。你們教孩子記得事實與虛構的東西——這是每個社會都為自己構築的東西——而不是給他們能力去發掘和創造他們自己的真相與真理。

有許多人自以為知道孩子需要受什麼教育——這些人對任何發展孩子能力與技巧的課程——而非記憶的課程——都嗤之以鼻。但你們對孩子所做的教育，卻使你們的世界走向無知，而非離開無知。

我們的教育不教虛構的東西，我們傳授事實。

現在你是在對你自己說謊，正像你在對你們的孩子說謊一樣。

我們對孩子說謊？

當然。把任何歷史書拿來看看就知道。你們的歷史是想要孩子從某一個特定角度來看世界的人寫的。任何人如果想讓歷史記載包括更廣泛的事實，就被嗤笑，被稱為「修正主義」。你們不願把你們的過去真相告訴孩子，免得他們看到你們真正是什麼樣子。

你們的歷史是從你們可稱之為盎格魯．薩克遜新教白種男人的觀點寫出來的。當女人或黑人，或其他少數人種說：「喂，等等，事情不是這樣的。你們遺漏了很大一部分。」你們就會咬牙跺腳，叫這些「修正主義者」住嘴，不要企圖更改你們的教科書。你們不要你們的後代知道真正發生的是什麼事情。你們要他們知道你們的藉口，知道從你們的觀點看起來是什麼樣子。要我舉個例子嗎？

請。

在美國，你們並不教孩子清楚知道，這個國家是如何下定決心在日本的兩個城市丟下原子彈、屠殺和傷害了數以萬計的人。你們只告訴孩子你們所看到的事實——和你們想要叫他們看到的事實。

如果有人想從另外一個觀點——這次，是從日本人的觀點——來平衡你們的觀點，你們就大吼大叫，暴跳如雷，要求學校休想在這麼重要事情的歷史回顧上提出那種資料。因此，你們教的根本不是歷史，而是政治。

歷史本應對真正發生的事，做充分而精確的記載。政治卻從來就不關乎真正的事，政治總是關於所發生的事的某某人的觀點。

歷史揭示事實，政治則將之正當化。歷史揭發、說明一切；政治則加以掩蓋，只說一面之詞。

政客厭恨照實書寫的歷史，而照實書寫的歷史，也不會講政客的好話。

然而你們穿的仍是國王的新衣，因為你們的孩子終究會把你們看透。那些學習過批判思考的孩子們，看到你們的歷史，會說：「天哪，我父母和那些長輩怎麼會這麼欺騙他們自己！」這讓你們不能忍受，所以你們把他們轟出去。你們不要你們的孩子知道最基本的事實，而是要他們把你們教的照單全收。

我認為你這裡有些誇張，有些言過其實。

真的？你們社會中的大部分人，甚至連人生的大部分基本事實也不想讓孩子知道。學校如果教導孩子身體的功能，你們都會抓狂。現在，你們就認為不應該告訴孩子愛滋病是怎麼傳染的，或怎麼不讓它傳染。當然，你們從某一個特定的觀點告訴他們如何避免愛滋病。這當然對。不過，如果只是告訴他們事實，讓他們自己去做決定——這，打死你你也不肯。

這些事情孩子們還沒有準備好自己去做決定。他們必須有適當的指導。

你有沒有看看你們世界最近的樣子？

怎麼樣？

這就是你們過去指導孩子的後果。

不是。是我們誤導他們的後果。如果說世界今天腐敗了——在許多地方確實是——那不是由於我們試圖教導孩子們古老的價值觀，而是由於我們任由他們被教以這些「新鬼把戲」！

你真的以為如此？

你對得要死！我真的相信！如果我們只教孩子讀、寫、算，而不餵他們那什麼撈什子「批判思考」的垃圾，我們今天會好過得多。如果我們在學校和家庭裡，把那什麼「性教育」剷除，我們就不至於看到青少年生孩子、十七歲的單身媽媽申請社會福利金、全世界抓狂了。

如果我們堅持年輕人按照我們的道德標準生活，而不是放任他們自己搞自己的，我們就不至於把我們曾經強盛活潑的國家，弄到現今這可憐可悲的地步。

還有不要站在那裡告訴我，我們應該如何突然明白我們在長崎與廣島所做的事是「錯」的。憑著神的名字發誓，是我們結束了戰爭。我們為兩邊都挽救了上千上萬人的性命。這是戰爭的代價。沒有人喜歡下這個決定，但不得不。

我知道。

是！你知道。你就像所有那些小左派自由主義共產黨員一樣。你要求我們修正歷史，好得很。你要求我們修正生存方式。然後，你們這些自由主義者就終於可以得逞，接收世界、創造你們腐敗的社會、重新分配財富、說什麼把權力還給人民等鬼把戲。但這樣卻不可能讓我們有任何進展。我們所需要的是重返舊日，重拾我們老祖宗的價值觀。這才是我們需要的！

講完了嗎？

對，完了。講得怎麼樣？

滿不錯的。其實是相當好。

嗯，當你守著收音機守了好些年，這種話說起來就很順口。

你們星球上的人真這麼想嗎？

你可以打賭。我的意思是，不僅美國如此，你可以換上任何國家的名字，換上任何戰爭的名字，歷史上任何國家所發動的任何攻擊性戰爭。毫無問題，每個人都是認為他自己是對的。每個人都知道錯在別人。拋開廣島吧。換上柏林，或換上波士尼亞。

人人也都知道古老的價值觀才能有效。人人都知道世界正走向地獄。不只美國如此。全世界都一樣。處處是大聲疾呼，要重返古老價值觀，重返民族主義——這個星球上處處都是這種呼聲。

我知道。

我在這裡所做的，只是想把這種感覺、這種關懷、這種忿恨說出來。

你做得不錯，幾乎說服了我。

真的？對那些真正這麼想的人，你要說什麼呢？

我說，你們真的相信三十年前、四十年前、五十年前的情況比較好嗎？我說，人的記憶力滿可憐的。你們總記得好的，不記得壞的。這是自然的，這是正常的。但不要被騙了。做一些批判性的思考，而不要只是記取別人要你們思考的東西。

就以我們所舉的例子來說，你們真的以為在廣島丟原子彈是絕對必要的嗎？有許多報告都曾提到，在原子彈丟下之前，日本天皇就已經私下向美國表示願意結束戰爭了——你們的歷史學家對這些報告又怎麼說呢？在丟原子彈的行為中，有多少成分是為了報復日本對珍珠港的偷襲？如果你們認為在廣島丟原子彈是必要的，那丟第二顆又為什麼必要呢？

當然，你們自己對這事的記載可能都是對的。美國對這一切的觀點可能是事情發生的實情。這不是討論的重點。重點是你們的教育系統不允許對這些議題做批判性的思考——其實，對許多其他議題都是如此。

你能不能想像愛荷華州的社會學或歷史學老師，如果向班上同學問這些問題，鼓勵學生深入探討這些問題，並提出他們自己的結論，會怎麼樣？

這才是重點！你們不要你們的年輕人得出他們自己的結論。你們要他們得到和你們一樣的結論。因此，你們迫使他們重蹈你們的結論所導致的錯誤。

但是那麼多人所推崇的古老價值觀和我們今日社會的分崩離析又怎麼說呢？今天青少年生

孩子多得驚人，靠社會福利維生的媽媽和全世界的抓狂又怎麼說呢？

你們的世界是在抓狂，這一點我同意。但你們的世界之所以抓狂，並不在你們允許學校所教的課程；世界之所以抓狂，是由於你們所不允許的課程。

你們不允許學校教導愛是一切。你們不允許你們學校講述無條件的愛。

鬼啦！我們甚至不允許我們的宗教這麼說。

沒錯。你們也不允許去教導孩子讓他們為自己、為他們的肉體、為他們的人性和他們奇妙的性自我歡慶。你們也不允許你們的孩子知道他們是住在肉體中的精神體。你們也不把你們的孩子當作進入肉體的精神體來對待。

在公開談論性、自由討論性、歡悅解釋與體驗性的社會中，實際上根本沒有性犯罪，不在預期中出生的孩子也非常之少，而且沒有「私生兒」或不受歡迎的生育。在高度進化的社會，所有的生育都是受祝福的，所有的母親、所有的嬰兒都受到妥善的照顧。事實上，那樣的社會根本沒有別的方式。

在那些不以強權與得勢者的觀點為歷史寫本的社會中，往日的錯誤是公開承認的，永不重蹈覆轍的。凡是明顯自我破壞的行為，只發生一次就已足夠。

在教導批判思考，如何解決問題與如何生活——而非只記憶——的社會中，即使那些所謂「有正當理由」的行為，也會受到詳查，他們不會人云亦云的接受任何事情。

實際情況又會是怎麼樣呢？讓我們以二次世界大戰為例。一個不只教導記憶往事，而教導如何生活的學校，在碰觸到廣島事件時又會怎麼樣呢？

你們的老師們將會對學生描述事件真正發生的情況。他們會把導致這個事件的所有事實——所有的事實——都包括在內。他們會探求兩邊的歷史學家觀點，明白任何一件事都絕不只一個觀點。他們不會要求學生去記憶那些事實，而會向學生挑戰。他們會說：「好啦，關於這個事件，所有的資料你們都已知道了——事件發生前、事件發生後的資料你們已清楚。凡是我們能夠得到的『知識』，我們都已告訴了你們。現在，從這些『知識』，你們得到了什麼『智慧』呢？如果是你們面對當年的問題，你們會選擇丟原子彈的方式來解決問題嗎？你們能想出一個更好的辦法嗎？」

哦，當然。那容易。任何人都可以由這種途徑得到答案——後知之明嘛。每個人都可以站到別人肩膀上說：「要是我，我就不會這樣做。」

那你們為什麼不不這樣做？

對不起，請再說一遍！

我說，那你們為什麼不這麼做？為什麼你們不站在別人的肩上，從往日學習，而不再做同樣的事呢？我告訴你們為什麼。因為允許你們的孩子以批判的態度回顧與分析你們的過去——要求他們以此為他們教育的一部分——等於是冒險要他們不同意你們的所作所為。

當然，他們終究還是會不同意。你們只是不允許在教室中有過多的這類思考。所以，他們就走到街上，揮動標語，撕毀徵兵通知單，焚燒奶罩和旗幟，做盡所有的事讓你們注意，讓你們看到。你們的年輕人在對你們嘶吼：「一定有更好的辦法！」然而你們不肯聽，你們不要聽，當然也絕不鼓勵他們在學校對你們所給的資料做批判性思考。

接受就好了，你們對他們說。不要想叫我們認錯。只要知道凡是我們做的，都是對的就好了。

這就是你們教孩子的方式，這就是你們所謂的教育。

但是有人說，我們的國家、我們的世界之所以走入這個死胡同，就是因為這些年輕人和他們自由主義的、瘋狂的、神經病的想法。他們把世界送進地獄了，推到毀滅的邊緣了。他們摧毀了我們以價值為導向的文化，換以他們「只要我喜歡，有什麼不可以」的道德觀，結果眼看著就要毀滅我們的生活方式了。

你們的年輕人真的在毀滅你們的生活方式。年輕人一向就在做這種事。你們的責任是鼓勵他們，而不是挫折他們。

毀滅你們雨林的不是你們的年輕人，他們是要求你們停止。破壞臭氧層的不是你們的年輕人，他們是要求你們停止。剝削全世界血汗工廠窮人的不是你們的年輕人，他們要求你們停止。抽稅抽死你們，把錢用在戰爭和戰爭機器上的不是你們的年輕人，他們要求你們停止。忽視弱者與被踐踏的人，讓全世界每天上千的人餓死而明明卻有足夠的食物餵飽每一個人的，不是你們的年輕人，他們是要求你們停止。

參與政治的欺騙與操縱，不是你們的年輕人，他們反倒要求你們停止。對自己的肉體感到羞恥、尷尬而性壓抑的，不是你們的年輕人；把這種羞恥、尷尬與壓抑傳給下一代的，也不是你們的年輕人，他們反倒要求你們停止。發明「強權即真理」的價值體系，以暴力來解決問題的，也不是你們的年輕人，他們反倒要求你們停止。

不僅要求……他們是在懇求你們……

可是暴力的是年輕人！年輕人參加幫派，互相殘殺！年輕人對任何法令都嗤之以鼻——任何法令！是年輕人把我們逼瘋！

當年輕人為想改變這個世界而發出的呼喊與懇求，不能得到回應與理睬，當他們看到他們的主張落空——不管怎麼樣，你們都會按你們的意思行事——你們那並不愚蠢的年輕人就退而求其次。如果他們不能打敗你們，就加入你們。

你們的年輕人加入了你們的行為行列。若他們暴力，那是因為你們暴力。若他們唯物，那是因為你們唯物。若他們瘋狂，那是因為你們瘋狂。若他們以操縱、不負責任、羞恥的態度看待性，那是因為他們看到你們這樣做。年輕人與成年人唯一的不同之處，在於他們公開做。

成年人卻掩藏他們的所作所為，以為年輕人不會看到。但年輕人什麼都看得清清楚楚，沒有一樣東西可以躲得過他們。他們看到成年人的偽善，也拚命想要改變這種情況。但在竭盡所能仍然無濟於事以後，他們除了有樣學樣以外，別無選擇。這點他們錯了，然而從來就沒有人教他們別的方法。他們從來不被允許對長輩所做的事能有批判性的思考，他們被允許的只有記憶。而凡你記憶的，你就銘刻在心。

那麼，我們該怎樣教我們的年輕人呢？

第一，把他們當精神體看待。他們是進入肉體的精神體。對精神體而言，這不是容易的事，不是容易習慣的事。肉體對他們來說太侷促、太有限了，所以你們的孩子因突然這般有限而大哭。聽聽這哭聲，了解這哭聲，盡你們所能給孩子「不受限制」的感覺。

其次，要溫柔而小心的，將孩子介紹到這個你們所創造的世界。你們要十分小心是在把什麼東西置入孩子的記憶庫。孩子會記得他們看到、經驗到的一切。為什麼在孩子剛從母胎中生出來的那一刻，就打他的屁股呢？你們以為只有這樣才能讓他們的引擎開始發動嗎？為什麼你們在孩子生出來幾分鐘之後，就要把他跟母親分離呢？——而母體是他此生直到此時唯一知道的生存模式？量身高、稱體重、打針，不能等等再做嗎？——不能等到新生兒先領會了這給予他生命的母親給予他安全與舒適感之後嗎？

為什麼你們允許嬰兒最先接受的印象是暴力的印象？誰告訴你們那對孩子是好的？為什麼你們隱藏愛的印象？

為什麼要對他們掩藏你們的肉體，並且不讓他們用感到樂趣的方式觸摸身體，因之教導他們要對他們的肉體和其功能引以為羞，感到尷尬？對於樂趣，你們究竟對他們傳遞什麼訊息？對於肉體，你們教的是什麼？為什麼你們送孩子去念的學校，是允許並鼓勵競爭的，而「乖」和學得「最多」的則得獎，「功課成績」要分等級，按照自己的步調則幾乎不被容忍？你們的孩子從這些事懂得的是什麼呢？

為什麼你們不教孩子音樂的韻律、藝術的喜悅、童話的神秘與生命的美妙呢？為什麼你們不把在孩子天性秉賦中的東西展開出來，卻要把不自然的東西強加在孩子身上呢？

為什麼你們不允許年輕人去學習邏輯、批判性思考、解決問題的能力與創造力，運用他們自己的直覺和最深的內在知識，卻要教他們種種規矩，背誦種種體制和結論——而實際這是你們的社會早已證明完全不能由之進化卻仍舊在用的？

最後一點：教他們概念，而不是資料。

設計的課程表，以下面三個核心概念為基礎：

覺醒（Awareness，覺察）

誠實（Honesty，誠信、正直）

責任（Responsibility，義務）

從孩子最小的時候就教他們這些概念，讓這些概念自始至終貫徹在課程中。把你們全部的教育模式都建立在這些概念上，所有的訓誨都深深扎根在這些概念上。

我不了解其中的意思。

它的意思是，你們所教導的一切都要源自這些概念。

你能解釋一下嗎？我們怎麼教讀、寫、算？

從最初級的「讀」本到最複雜的讀本，所有的故事、小說和主題討論，都以這些核心概念為中心。這就是說，它們將是有關覺醒的故事，有關誠實的故事，有關責任的故事。向你們的孩子介紹、注入、浸潤這些概念。

「寫」的課程也同樣以這些核心概念為中心，當孩子們長到有能力表達他們自己時，也要以與此核心概念有關的概念相浸染。

即使「算」術的技巧，也要在此框架之內教導。算術與數學並非抽象的，而是宇宙中活生生的生命最基本的工具。所有的計算技巧都得規畫到以這些核心概念和其衍生物為焦點而教育後代。

這些「衍生物」是什麼？

借用你們媒體炒熱的用詞，就是副產品。你們整個的教育模式都該建立在這些副產品上，而不是你們目前課目表上的那些——那些主要都是事實與資料。

比如呢？

好吧，讓我們運用一下想像力。對你的人生來說，哪些概念是重要的？

呃……嗯，我得說……誠實——就如你剛剛說的。

好，說下去。這是一個核心概念。

呃，嗯……公正。對我來說，這是一個重要的概念。

好。還有嗎？

善待他人，這是一個。我不知道怎麼把它說成一個概念。

說下去。只按照思想的流動就好。

與人和睦，容忍，不傷害他人，視他人與自己平等，我希望我能教孩子這些。

好得很！說下去。

呃……相信自己。這是一個好概念。還有，呃……等等，等等，……來了一個。呃……嗯，對了：尊嚴過活我猜我可以稱它為尊嚴過活。我還是不知道怎麼把它說成一個更好的概念，但它跟人怎麼樣度日，怎麼樣尊重他人和他人的生活方式有關。

這是個好念頭，這一切都是好念頭。你現在掌握到了。還有許多這類概念，是你們的孩子如要進化為完全的人類所必須深深領會的。但你們在學校不教這些。這些我們現在在談的，是人生中最為重要的東西，可是你們在學校不教這些。你們不教什麼是誠實，你們不教什麼是責任，你們不教什麼是覺察他人的感受，什麼是尊重別人的生活方式。

你們說，父母應教這些東西。然而父母只能傳授他們自己被傳授的。父親的罪會傳給兒子。所以，你們在家裡教導你們的父母教導你們的東西。

真的？那錯在什麼地方？

就像我一再說過的，你最近有沒有看看世界？

你總是要把我們拉回到這裡。你總是要我們看這個。但這些並不都是我們的錯。世界其他地方的事不能都歸罪於我們。

這不是歸罪的問題，而是選擇的問題。如果你們不為人類所做和正做的選擇負責，誰該為？

好吧，我們不能為所有的負責。

我告訴你們：除非你們願意為所有的負責，否則你們就不能對它有任何改變。你們不能老是說是他們做的，是他們在做，巴不得他們立刻住手！記得華特・凱利（Walt Kelly）的諧音波哥（Pogo）的話嗎？…永遠不要忘記：

「我們遇到敵人了，而他們是我們。」

我們幾百年來一直重複同樣的錯誤，我們豈不……

是幾千年來，我的孩子。你們幾千年來都在重複同樣的錯誤！人類在最基本的本能方面比洞穴人並沒有進化多少。然而每次要改變都會遭到恥笑。每一次要檢視你們的價值觀或要改造它們，都會喚起恐懼與憤怒。現在可好，從我而來的觀念是要你們實際上在學校教授高等的概念。好啦，孩子，現在我們真的是如履薄冰了。

不過，在高度進化的社會，這正是他們做的。

但問題是，並非所有的人都同意這些概念和它們的意涵。這乃是為什麼我們無法在學校教授這些。如果你把這些東西加到學校的課程中，家長們就會發瘋。他們說你在教授「價值」，而學校沒有空間教授這些。

他們錯了！再說一遍：以人類所說他們想要做的事情而言——就是建立一個比較好的世界——他們錯了。學校正是教授這些東西的地方。正由於學校可以免受父母成見的影響。你們已經看到，父母親因把他們的價值觀傳給孩子，已經把你們的星球搞成什麼樣子。你們的星球是一團糟。

你們不了解文明社會最基本的一些概念。

你們不知道如何不以暴力來解決衝突。

你們不知道如何過沒有恐懼的生活。

你們不知道如何不以自利而行事。

你們不知道如何不設條件而愛。

這些都是基本的——基本的領會，而你們在千年之後，萬年之後，卻連充分的領會都不曾開始，更不要說把這領會付諸實行。

有沒有辦法脫離這一團糟？

有！就在你們學校！就在你們對年輕人的教育！你們的希望在下一代，更下一代！但你們必須不再把他們泡在過去的方式中。那些方式沒用。它們沒有把你們帶到你們想要去的地方。

然而，如果你們不當心，你們真的會走到你們衝往的地方！

所以，趕快止步！向後轉！坐下來，大家好好想一想。為你們身為人類最偉大的理想，創造出最恢宏的版本。然後，找出最符合這理想的價值觀和概念，在學校傳授。

比如，何不傳授這樣的課程：

· 領會力
· 和平解決衝突的方式
· 互愛的構成因素
· 人格與自我創造
· 身、心、靈如何運作
· 如何從事創作
· 歡慶自己，尊重他人
· 性愛的歡悅表達
· 公正
· 容忍
· 多樣性與相似性
· 合乎道德的經濟學
· 富於創造性的意識和心靈能力
· 覺察與覺醒
· 誠實與責任

- 公開與透明
- 科學與精神性

其中有許多我們正在教。我們稱之為社會學。

我指的不是一學期兩天的課。我指的是這每一種都成為獨立的課，我指的是你們學校的課程表完全更改，我指的是以價值為基礎的課程表。你們現在所教的，主要是以事實資料為基礎的課程。

我指的是把你們孩子的注意力集中在對這些核心概念的領會上，把教育的理論結構圍繞在這些價值體系上——正如你們現在建立在事實、資料和統計學上。

在你們的銀河和宇宙中高度進化的社會裡（這我們會在第三部更詳細的說明），人生觀在孩子很小時就開始教導。你們所謂的「事實」，在他們的社會則甚晚才教，因為他們認為重要性差許多。

在你們的星球上，你們創造的社會是讓小約翰還沒有離開幼稚園就會閱讀，卻不懂得怎麼不咬他弟弟。小蘇珊則越早會用乘法表、會用測驗卡、會死背死記越好，可是卻不懂得她的肉體沒有什麼可羞可窘的。現在，你們的學校之所以存在，主要是為了提供答案。如果主要是要問問題就好得多。誠實是什麼意思？負責是什麼意思？或「公正」是什麼意思？就這個角度來看，二加二等於四是怎麼講？高度進化的社會鼓勵孩子們去為他們自己發現答案和創造答案。

可是……可是，那天下會大亂！

跟你們現在不天下大亂的情況相比……

好吧，好吧……它們讓我們更天下大亂。

我不是建議你們統統不把你們所學習到的，和所決定的事務與你們的後代在學校分享。相反，學校會把長輩所學習到的、所發現的、所決定的和選擇的分享給年輕人。學生可以因而觀察到這些是如何在運作。然而，在學校，你們把資料當成「那是對的」的東西來給學生，而資料卻只能當作資料才對。

往日的資料不應當作現在真理的基礎。往日的資料或經驗永遠只能當作新問題的基礎。寶藏永遠都應在問題中，而不在答案裡。

而問題永遠都是一樣。對於這往日的資料，你們同意還是不同意？你們怎麼想？這永遠都是關鍵問題。這永遠都是焦點。你們怎麼想？你們怎麼想？你們怎麼想？

孩子們顯然會把父母的價值觀帶到這個問題上來。父母親在創造孩子的價值體系時，繼續扮演著重要的角色。學校的注意力和目的，是從教育的最早期直至畢業，都鼓勵後代去尋求他們自己的價值體系，學習如何去運用——是了，甚至去懷疑。因為，不讓孩子懷疑父母的價值觀的父母，不是愛孩子的父母，而是透過孩子愛自己的父母。

我希望——呃，我多麼希望有像你描述的這樣的學校！

有幾所正在走向這個模式。

有嗎？

有。讀讀一個叫作魯道夫·斯坦納的人所寫的東西，研究一下他所推展的華德福學校的教學法。

嗯，當然，我略知一二。這是一所營利的學校嗎？

這是一所實驗學校。

因為我跟華德福學校熟悉，你知道的。

我當然知道。你生命裡的每一件事都協助了你，把你帶到此刻。我不是在本書開始之際才跟你說話。我已經跟你說了很多年，透過你所有的相關人、事與經驗。

你是說，華德福學校是最好的？

不是。我是說，就以你們身為人類想要走向的地方，就以你們宣稱你們想要做的事，就以你們說你們想要成為的人而言，這是一個有效的模式。我說，它是一個例子——我能舉的幾個之一，儘管你們星球上和你們的社會中這種例子不多——說明教育如何可以把焦點放在「智慧」上，而非僅是「知識」上。

哦，這是一個我非常推崇的模式。華德福學校和其他學校有許多不同。讓我舉一個例子。那是一個簡單的例子，但很能夠說明這個學校的不同。

在華德福學校，老師隨孩子從一年級教到六年級。這些年，孩子的老師都是同一個，而不是一個一個的換。你能想像師生之間的關係會多麼密切嗎？你能看出其中的價值嗎？

老師就像孩子是自己的一樣那麼了解他們。孩子們對老師也到達一種愛與信賴的程度，是許多傳統學校無法夢想的。孩子在六年以後，老師重又返回一年級，從頭帶領新的孩子走過六年級的課程。一個獻身於華德福學校的老師，一生可能只教四五批的孩子。但是對孩子來說，她或他比傳統小學的任何教育都更重要。

這種教育模式承認並表明：在這種範型中所分享的人際關係，所分享的愛和緊密，要比老師教給孩子的事實資料重要。華德福像是家庭之外的家庭學校。

沒錯，那是一個好模式。

還有其他好模式嗎？

有。在你們星球上，你們的教育是有一些進步，但非常慢。即使在公立學校想要開設目的導向的、技藝發展的課，都會遭到抵制。大家以為它有威脅性，或沒有功效。他們要求孩子學習事實資料。不過，仍舊有些在進步，然而要做的還很多。

就以你們說身為人類你們所要追尋的而言，這僅是人類經驗中可徹底檢討的領域之一。

是的，我可以想像政治領域也需要做一些改變了。

沒錯。

10 目前的政治只是滔天大謊

我一直在等這個議題。當你說第二部將談論地球大事時，我還沒有想到你會談論政治。那麼可不可以由我提出一些較初級的問題，來開始看看我們人類的政治呢？

沒有問題是不值得的，問題就和人一樣。

說得好。那麼容我請問：以國家自己的既得利益為基礎而從事外交，是錯的嗎？

不是。首先，從我的觀點來看，沒有什麼是「錯」的。但我知道你的意思，所以我會以你的意思、以你的用意來說。我用「錯」這個字是指，「就以你們選擇要做什麼樣的人、做什麼樣的事而言，那對你們是無用的。」你們是「對」是「錯」，我一直是以這樣的含意；也一直是以這個含意，才有所謂對與錯。那麼，以這個含意來說，以既得利益為基礎來考量外交政策，並不是錯的。錯的是你們裝作並非如此。

當然，大部分國家皆是如此。它們為某些原因來採取行動或不採取行動，用的卻是另一組藉口。

為什麼？為什麼大部分國家這樣做呢？

因為政府知道，如果人民了解大部分外交政策的真正原因，則人民將不會支持。各處的政府都是如此。很少有政府不刻意誤導人民的。欺騙是政治的一部分，因為，除非政府能讓人民相信它的決策是為人民的利益，很少人會選擇被這般統治——有些人則選擇根本不被統治。

想讓人民相信非常不易，因為大部分人民都把政府的愚蠢看得清清楚楚。所以，政府為保有人民的忠心，就不得不說謊。你們有格言說：「如果你的謊言夠大、夠久，就會變成『真理』。」——你們的政府正是這句話的範本。

掌權的人永遠不可讓民眾知道他們是如何拿到權力的——也永遠不可讓民眾知道，為了繼續掌權，他們做了些什麼和將要做些什麼。

真理（實情）與政治是不能相混的，因為政治是這麼一種藝術：為達到想要的目的，只說必須說的話，並且只能以恰當的方式說。

並非所有的政治都是壞的，但政治的藝術則是實用的藝術。它非常清楚眾人的心理。它明白大部分人是以私利為出發點的。所以，政治乃是掌權的人意圖說服你們，他們的私利就是你們的私利的辦法。

政府都很懂得私利。這乃是何以政府都很會設計「嘉惠民眾」的計畫。

最開始，政府的功能非常有限。它們的目的只是在「保存與保護」。後來又有人加上了「供養」。當政府不但是人民的保護者，而且變成了人民的供養者時，政府就開始創造社會，而不僅是保存。

但政府不僅是在做人民所要的事而已嗎？政府不僅是在提供機制，讓人民在社會的層次上自我供給嗎？比如，在美國，我們非常重視人性的尊嚴、個人的自由、機會的均等和孩童的照顧。我們訂下了法律，並要求政府提出計畫，供給年長者收入，以便他們在過了賺錢的年齡以後，仍有生活的尊嚴；保證公平就業，所有的人都有居住房屋的機會——即使那些跟我們不一樣的人，或那些生活模式我們不同意的人；透過兒童勞動法來保證國內的兒童不致成為國家的奴隸，而凡是有孩子的家庭，都不致過著無基本需求——食、衣、住——的生活。

這些法令很能反映你們的社會。然而，在供給人民所需時，一定要小心，不要剝奪他們最高的尊嚴，亦即他們在個人能力、創造力與巧慧上的發揮。因為這些力量的發揮，可以讓人覺察到他們有能力供養自己，這是一個必須達成的巧妙平衡。你們似乎只知道從一個極端走向另一個極端。你們不是要求政府為人民「做一切」，就是在明天消除政府所有的計畫、政策和法令。

沒錯。可是，一個社會如果只把最好的機會給予那拿「對」了憑證（或沒拿「錯」的憑證）的人，就有許多人無法供養他們自己。一個國家的房東不肯把房子租給大家庭，公司不肯晉升女性，正義往往只是地位的產品，預防性的醫療照顧只限於有足夠收入者，而許多歧視與不平等仍大量存在時，有許多人不能供養他們自己。

那麼，政府必須取代人民的良心？

不是，政府是人民的良心——明白宣示的良心。透過政府，人民尋求、冀望與決心改善社會的弊端。

說得好。不過，我還是要說，你們必須小心，不要悶死在意圖保障人民呼吸之權的法律中！

你們不可能為道德立法，你們不可能訓令平等。

世界需要的是集體意識的轉移，而非集體良心的加強。

一切法令和一切政策都必須源自你們是什麼，必須是你們是誰的真實反映。

我們社會的法令真的反映了我們是誰！它們對人人說：「這就是生活在美國的樣子！這就是美國人的樣子！」

在最好的情況下，也許如此。但你們的法律往往是那些有權勢的人認為你們應當是的宣言，實際你們並不是。

「少數精英」透過法律教誨「無知大眾」。

正是。

那又有什麼「錯」？若說最聰明、最優秀的少數願意審視社會和全球的問題，提供解決辦法，這不也是服務眾人嗎？

要視這些少數人的動機而定，還要看他們的透明度。一般說來，沒有任何辦法比讓「眾人」治理自己更有益於眾人。

無政府主義，從來就沒有用。

如果一直由政府告訴你們做什麼，你們就永遠不能成長、變為偉大。

我要反駁一下，政府——我的意思是指我們為了管理自己而選擇的法律——是一個社會是否偉大的反映；偉大的社會通過偉大的法律。

少得很。因為在偉大的社會中，必要的法令非常少。

不過，真正沒有法律的社會卻是原始的社會，在那樣的社會中，「強權即真理」。法律是人劇平遊戲場的意圖，以便保證真正對的事情，不論強者弱者，皆可通行。如果沒有我們互相同意的行為法規，我們怎麼共存？

我不是建議不要有行為法規和相互的同意。我建議的是，你們的法規和同意應建立在對私利的更高理解和更恢宏的定義上。

大部分法令規定的，實際上是最有權勢的人為他們的既得利益而設的。

讓我們只以抽菸的例子來說明。

現在，你們的法令規定不可以種植和使用一種叫大麻的植物，政府說那對你們不好。然而同一個政府卻告訴你們說，種植和使用另一種叫作菸草的植物是對的。但這卻並不是因為它對你有益（實則政府也說那是有害的），而是由於你們一向這樣做。

頭一種植物不合法，第二種植物合法，跟健康沒有關係，跟經濟卻有關係，也就是說跟權勢相關。

因此，你們的法律並非反映你們社會自認為是什麼或希望是什麼——你們的法律反映的是：權勢何在。

不公平，你選的是矛盾很明顯的例子，但大部分情況並非如此。

相反，大部分都如此。

那麼，解決的辦法是什麼？

法律——也就是限制——盡量少。

第一種植物之所以不合法，表面的理由是為了健康。實情則是，第一種植物並不比香菸和酒更有害於健康，而後兩者卻受到法律保障。第一種為什麼不被允許？因為如果讓它生長，則全世界半數的棉花業者、尼龍和人造絲製造業者、木材業者都會失去生意。

大麻偏偏是你們星球上最有用、最強、最壯、最耐用的材料。你們製造不出比它更好的衣料、更結實的繩材、更容易收成的紙漿材料。你們每年砍幾百萬棵樹做成紙漿，好讓你們在報紙上讀到全球的森林如何被摧折。大麻卻可以供應你們百萬份報紙，而不用砍一棵樹。事實上，大麻可以用十分之一的代價取代許許多多的質材。

這才是關鍵。如果允許種植這種奇妙的植物——順便說一聲，大麻也有特殊的藥效——則有些人會丟錢。這乃是在你們國家大麻為什麼非法！

那售價不貴、對健康有合理照顧的電動汽車，家用太陽能供熱、太陽能供電之所以遲遲不大量生產，也是同樣理由。

多年來，你們早就有資力和科技來生產這些東西。可是為什麼你們沒有呢？看看如果你們做了，誰會丟錢，你們就會找到答案。

這就是你如此自傲的偉大社會？你們的「偉大社會」必須拖、必須拽、必須踢、必須吼，才會考慮公共福利。每次有人提公共福利，人人就會大叫「共產黨」！在你們的社會，若為眾人提供福利，未有某人獲得重大利益，都往往會石沉大海。

不僅你們國家如此，全世界都一樣。因此，人類所面臨的問題是：私利是否可以被最佳的利益——公利——所取代？若可以，又如何去做？

在美國，你們試圖透過法律來提供最佳利益——公利，但你們失敗得很慘。美國是全球最富裕、最強盛的國家，可是嬰兒死亡率也名列世界前茅。為什麼？因為窮人付不起產前和產後照顧——而你們的國家是唯利是圖的。我舉這個例子只在說明你們可悲的失敗。你們國家比大部分工業國的嬰兒死亡率偏高，應當讓你們憂心才對。可是不然。這大大說明了你們的社會優先順序何在。別的國家供養病患、匱乏者、老年人和殘障人士。你們卻供養有錢有勢、有地位的人。美國百分之八十五退休的人過著貧窮的生活。這些年長的美國人和大部分低收入戶，都以當地醫院的急診室為他們的「家庭醫生」，在可怕的環境下尋求醫療，而幾乎完全得不到預防性的醫療照顧。

你可以看到，沒有什麼錢可用的人就沒有利益可得……他們已經被用盡了……

而這就是你們偉大的社會——

你把情況說得相當慘。但美國比世界上任何其他國家對非特權階級與不幸者，都做了更多的事——不論是在美國，還是在世界其他地區。

美國做了許多，這是明顯的事實。但你知不知道，以美國的生產毛額來算，美國比許多小國家所提供的外援比例都小？重點是，在你們自得自滿之前，或許應先看看周遭的世界。因為如果這就是你們對比較不幸者所能做的事，則你們全都還有太多該學習的地方。

你們生活在一個浪費的、頹廢的社會中。你們把樣樣物品都設計成你們工程師所說的「有計畫的廢棄」狀態。汽車貴三倍，卻只能用三分之一的時間。衣服在穿第十次的時候就散掉。你們在食品裡加化學物，為了使它可以在架子上長久一些，竟不管這會縮短你們的壽命。為了一些荒謬的成績，你們支持並鼓勵對運動明星付出邪門的薪水，可是老師、教士和那些要救治你們免被疾病殘害的研究人員，卻到處求錢而不可得。你們天天在超市、飯店和家庭丟棄大量食物，其數量足以餵飽半個地球。

然而這些話並不是在告發，而只是觀察。而且並不僅美國如此，因為這種讓人痛心的態度像瘟疫一樣橫掃全球。

全球各處非特權階級為了活下去，都必須乞求與儉省；而那些掌權的少數，保護並增加大筆的現鈔，蓋著絲棉被，早晨起來在浴室扭轉黃金打造的水龍頭。當只剩下皮包骨的小孩死在哀號的媽媽懷中之際，他們國家的「領袖」卻在從事腐敗的政治，使得捐贈的食物無法到達饑民的手上。

似乎沒有一個人有權力來改變這些境況，然而實情是，權力不是問題所在，而是似乎沒有人有意願。

而只要沒有人把他人的苦難看作是自己的，這情況就會一直繼續下去。

嗯——我們為什麼不呢？我們怎麼可能日日看著這些暴行，卻允許它們繼續下去呢？

因為你們不在乎，因為你們缺乏關懷，這是整個星球面臨的意識危機，你們必須決定你們到底要不要互相關懷。

這似乎是個讓人痛心的問題，為什麼我們不能愛我們的家人呢？

你們愛自己的家人，只是你們的「家人」範圍太有限。你們不認為自己是人類家庭的一分子，因此人類家庭的問題就不是你們的問題。

地球上的人要如何才能改變他們的世界觀呢？

這要看你們想要變成什麼樣。

我們如何才能消除更多的痛苦？

靠消除你們之間一切的分別與歧視，靠建立一個新的世界觀，靠把這些世界觀維持在一個新觀念的架構之內。

什麼新觀念？

和你們現在的世界觀相去甚遠的觀念。

目前，你們把世界——我是指地球政治學上的——視為許多國家的集合，每個國家各自分離、獨立、施行主權。

各自獨立的國家之內政問題，大部分不被認為是整個群體的問題——除非它們影響到了整個群體（或群體中最有權勢的分子）。

整個群體對個別國家的狀況與問題的反應，是以較大的群體的既得利益為基礎。如果這較大群體中，沒有一個分子有所損失，則個別國家的狀況即使如地獄，也沒有人在乎。

每年可以有上萬人餓死，上萬人死於內戰，暴君可以蹂躪村野，獨裁者及其軍隊可以姦淫殺掠，專制政權可以剝奪人民最基本的生存權——而世界的其餘部分可以視若無睹。而你們說，那是「內政問題」。

但是，當你們的利益受到威脅，當你們的投資、你們的安全、你們的生活品質受到威脅，你們就發動全國力量，甚至試著鼓動全球力量，衝到那天使都不敢涉足的地方。

這時你們就撒下滔天大謊——說你們是為了人道而行動，是為了幫助世界上被壓迫的民族；而實情是，你們只是為了保護自己的利益。

這種實情的證據是，凡你們沒有利益之處，你們就不關懷。

世界上的政治運作都以私利為基礎。有什麼新鮮？

如果你們想改變你們的世界，就必須有些新鮮的東西。你們必須把別人的利益視為自己的利益。而這只有在改變你們全球的現況，並依之管理自己才有可能。

你是在說全球一個政府？

對。

11 全球軍費每分鐘一百萬美元

你曾答應要在第二部中談一談地球上所面臨的重大政治議題（這與第一部中基本上談個人議題有別），不過我沒想到你會談到全球單一政府的問題！

現在已是時候了，世界不能再自欺，要覺醒過來，認清人類唯一的問題是缺乏愛。愛能產生寬容，寬容能產生和平。不寬容製造戰爭，並對不可忍受的狀況漠然視之。愛，不可能漠然。它不知道如何能夠漠然。

通往愛與對全人類的關懷，最快的途徑是把所有的人類視為你的家人。

把所有的人視為家人最快的途徑，是不再分別彼此，意即世界各國必須合而為一。

我們有聯合國。

這既無力又無能。這個組織若想能夠運作，就必須徹底重新組織。這並非不可能，但或許很困難，很麻煩。

好吧。那，你有什麼建議？

我沒有「建議」，我只提供觀察。在我們的對話中，你告訴我你們的新選擇是什麼，而我則提供可行途徑方面的觀察。就目前你們星球上各民族與國家之間的關係而言，什麼是你們現在的選擇呢？

我要借用你的話。如果是我，我就會為我們選擇「走向對全人類的愛與關懷的地方」。

若選擇如此，則我的觀察認為，應形成一個新的世界政治社團，每個國家就世界事務有同等發言權，對世界資源有平等比例的分享。

這永遠行不通，那些「有」的永遠不會把他們的主權、財富與資源給那些「沒有」的。而且，純為了頂嘴，我想請問：為什麼他們要？

因為這符合他們的最佳利益。

他們會看不出來，而我也不確定能看得出來。

如果你們每年能在全國的預算中加幾十億美元——用在給飢餓的人吃，給需要的人穿，給貧窮的人住，給年長者安全，提供更好的健康醫療，滿足所有人的尊嚴生活水準——這不符合你們國家的最佳利益嗎？

好吧。在美國，有一些人會說，這是叫有錢人和中產納稅人付費來幫助窮人。但同時國家卻繼續走向地獄，罪犯橫行，通貨膨脹奪走人民的儲蓄，失業率比天高，政府越來越肥，而學校則分發保險套。

你好像在說脫口秀。

嗯，這其實真的是許多美國人所憂心的。

那他們就太短視了。一年幾十億，也就是每個月數千萬，每個星期幾百萬，每天則沒有多少的錢——投入你們的體制中，難道你們看不出，如果能用這些錢來給飢餓的人吃，給需要的人穿，給貧窮的人住，給年老者安全，給所有的人健康照顧和尊嚴，則犯罪的原因就永遠不存在？你們難道看不出，這樣就業機會將如雨後春筍般增加，而你們的政府組織也可以縮減，因為它能夠做的事會變少？

我認為其中有些的確會發生——但我無法想像政府會變小——而且這幾十億的錢又從哪裡

來呢？由你的新政府來課稅嗎？從那些「由工作而獲得」的人那裡取來，給那些「不能靠自己的腳來站立」而向人求取的人嗎？

這可是你真正的看法？

不是，但這是許多人的看法，而我希望能公平的把他們的看法表達出來。

好吧，稍後我會再談這一點。目前我不想離題，但我稍後會回過頭來再說。

這很好。

你剛才問：這些錢哪裡來？好，它們不是來自新的世界社區新課徵的稅（不過，社區的成員——也就是個體公民——在開明的新政府之下，會想要捐贈收入的百分之十來供應整體社會的所需）。這錢也不是來自任何地方政府的稅捐。事實上，地方政府一定還可以減稅。所有的這些——所有的這些需要的錢——都可以僅是從重建你們的世界觀而得，從重整你們的世界政治結構而得。

怎麼得？

從節省你們的防禦系統和攻擊系統而得。

哦，我懂了！你要我們結束軍事！

不僅是你們，是世界上的每一個人。但並非結束，只是減少——大幅減少。社會秩序是你們唯一需要維持的，你們可以加強地方警力——這是你們說要做，卻每年在預算提出時，喊著你們做不到的——同時又可以大量削減花在戰爭與備戰方面的錢——也就是大量的毀滅性攻防武器的錢。

第一，你誇大了可以省自這方面的錢。第二，我不認為你可以說服大家放棄自衛能力。

讓我們看看數字。目前（寫這一段時是一九九四年三月二十五日）全世界各政府每年花費一兆美元在軍事用途上。也就是全世界每一分鐘有一百萬美元。

花錢最多的各國，可以把大部分的錢改用在我們前面所提的急需事務上，因此，富有的大國將會看到這符合它們的最佳利益——只要它們認為這是可以做的。但富有的大國無法想像自己可以不具防衛力，因為它們害怕那些嫉妒它們的國家會侵略、攻擊它們，想要它們所擁有的東西。

有兩條途徑可以消除這種威脅。

1跟全世界所有的人共同充分分享全部的財富與資源，使得沒有一個人想要別人所擁有的，而人人都生活於尊嚴中，遠離恐懼。

2創造出一個體制，消除不同，消除戰爭的需求——甚至連戰爭的可能性都消除。

世人恐怕永遠做不到這一點。

他們已經在做了。

已經在做？

對，這偉大的實驗正以這種政治秩序的方式在地球上進行，這實驗被稱為美利堅合眾國。

可是你曾說我們失敗得很慘。

對，距離成功還差很遠（我說過，這件事——以及使它尚未能實現的原因——稍後再談）。不過，這仍是在進行中最好的實驗。

就像邱吉爾所說：「民主是最壞的制度——除了其他制度以外。」

你們的國家是第一個把各州組成一個寬鬆的邦聯，並成功的結合成密切群體的國家，每一州都服從邦聯中央政府。

一開始，沒有一州想要這樣做，每一州都極力反抗，害怕失去各自的偉大，宣稱這樣的聯合不符合其最佳利益。

了解一下當時各州在做什麼，具有啟發作用。雖然它們都加入了一個寬鬆的邦聯，卻沒有真正的美國政府，因此，沒有力量執行各州都同意了的邦聯條款。

各州都自行處理外交事務，有幾州跟法國、西班牙、英格蘭和別的國家締結商務和其他事務的協議。各州也相互貿易；而雖然邦聯條款禁止，有些州仍舊把其他州運來的貨物課稅——就如舶來品一樣！商人為了買賣，不得不付稅，因為沒有中央政府——儘管有條文規定禁止各州互相課稅。

各州也互相發動戰爭。每州都認為自己的民兵是常備軍；有九個州都各有自己的海軍，十三州邦聯的每一州的官方座右銘都可以說是「別想踐踏我」。

有一半以上的州甚至自印鈔票。（儘管邦聯曾同意這樣做是不合法的！）

總之，你們原來的各州，雖然在邦聯條款下結合在一起，實際上卻像今天的獨立國一般各行其是。

儘管各州都看出邦聯協議（諸如賦予國會獨有鑄幣權）不能運作，它們卻堅決反對創造和服從一個中央政府，使其得以強制執行這些協議。

然而，一些進步的領袖漸漸開始掌權。他們說服百姓創造一個這樣的新聯邦，所得要大於所失。

商人會省錢，增加利潤，因為各州不再互相課稅。

各州政府會省錢，會有更多的錢來執行真正幫助人民的計畫，因為資源不必用來互相防備。

人民會更安全，更有安全感，也會更繁榮富裕，因為互相合作而非互相打鬥。

各州不但不會喪失其偉大，而且會變得更偉大。

而事實上發生的情況正是如此。

今天，全世界一百六十個國家，如果可以結合為一個世界聯邦，情況也是一樣，那意謂不再有戰爭。

那該怎麼做？大家會有爭執。

只要人類仍執著於外在事物，就一定會如此。要真正消除戰爭以及一切不安和混亂，是有一條路可走，但那是一條精神性的（靈性的）道路。我們此處所尋求的則是一條全球政治的路。

事實上，關鍵在兩者合一。靈性真理必須在實際生活中實踐，以改變日常經驗。

你說得沒錯，除非這種改變發生，否則一定會有爭執。但人類無需戰爭，無需屠殺。

加州和奧列岡州會為了水權發生戰爭嗎？馬里蘭州和維吉尼亞州會為了漁業發生戰爭嗎？威斯康辛和伊利諾呢？俄亥俄和麻薩諸塞呢？

不會。

為什麼不會？它們之間不是有許多爭執嗎？

多年來都是如此，我想。

你可以打賭。但這些州都自願同意——這是一種單純的、自願的同意——在共同的事務上，共同遵守某些法律和協約，而在各州自己的事務上則有權自訂法令。當州與州因為各自對聯邦法的解釋不同——或因某一州逕自違法——而產生爭執，則它們訴諸法庭來解決爭端——此種法庭是由各州賦予權威來解決它們的爭端的。若當前的法律體制不能提供判例或方式，以圓滿解決該項訴訟，則當事的各州及其人民，就派代表到中央政府，致力於創製新的法律，使能圓滿解決問題——或至少達成合理的協議。這就是你們的聯邦運作的情況。一套法律體系，一套法庭體系，由你們賦予權力以闡釋法律，還有一套司法體系——如果必要，由武力做後盾——來強制執行法庭的判決。

雖然沒人能說這套體制不需改善，但這套政治合成體卻已運作了兩百多年！

沒有理由懷疑同樣的方法不能在國與國之間運作。

如果這麼簡單，為什麼沒去試呢？

有在試，國際聯盟是較早的一次試驗，聯合國則是最近的。前者失敗了，而後者則成效不彰——就像美國原先的十三州邦聯——各國（尤其是最強大的國家）害怕國際情勢的重新結構讓本國得不償失。

這是因為「有權勢的人」對掌權的關懷，大於對改善所有人的生活品質的關懷。「有」的人知道這樣一種世界聯邦無可避免的要為那些「沒有」的國家生產更多的東西——但是那「有」的國家卻認為是要他們付出代價……而事實上，他們也不需放棄。

難道他們的恐懼不合理嗎？他們想要抓住奮鬥了這麼久才得到的東西不合理嗎？

第一，把更多的東西給飢渴和無屋可住的人，並不必然要富有的人放棄他們的富裕。如我已經說過的，你們所要做的，只是把每年1,000,000,000,000美元的軍事費用轉作人道費用，你們可以不用多花一毛錢，不用把財富從現有之處轉往現無之處就可做到。

當然，那些國際軍火販子可能會有損失，還有那些受軍火販子雇用的人，以及所有那些由世界的衝突意識而發財的人——但你們的財源可能擺錯了位置。如果某些人必須靠世界的紛爭才能存活，則正解釋了何以你們的世界那麼抗拒可得永久和平的改變。

至於你問題的第二個部分：想要抓住奮鬥了那麼久才獲得的東西——則若從外在世界的意識來看，不論就個人而言還是就國家而言，都並非不合理。

什麼意識？

如果你最大的快樂只由外在世界——你自身之外的物質世界——得來，則不論是個人還是國家，你都絕不肯為了讓自己快樂而放棄一點點你所累積的財富。

那「沒有」的，只要仍認為他們的不快樂是起於缺乏物質的東西，他們就也會陷於同樣的迷失中。他們會不斷的要求分享你們已有的，而你們則不斷的拒絕分給他們。

這就是為什麼我稍早曾說有一個真正消除戰爭，也消除一切不安與缺乏和平經驗的方法，那是一種精神性的解決法。

推到最後，全球政治上的一切問題，正如每個人的一切問題，都可歸結精神性的（靈性的）問題。

生命的一切都是精神性的，因此，生命的一切問題都是起於精神——並由精神來解決。

你們星球上之所以產生戰爭，是因為某些人擁有某些東西是另一些人要的；也因為某些人做某些事，而另一些人又不要他們做。

所有的衝突都起於錯置的欲望。

全世界唯一能夠持續的和平是內在的和平。

讓每個人都在內在找到和平。當你在內在找到和平，你就也可以在外在找到。

這意謂你不再需要外在世界的東西。「不需要」是大自由。第一，它使你免於恐懼：恐懼某些東西是你所沒有的；恐懼某些東西是你會失去的；恐懼如果沒有某某東西，你會不快樂。

第二，「不需要」使你免於憤怒。憤怒是表現出來的恐懼。當你無所恐懼，你就不再因任何事而憤怒。

當你沒有得到你想得的，你不會憤怒，因為你想要某物，並非必需，而是喜好。因之，沒有得到，你也不會恐懼。因此，不會憤怒。

當你看到某人做你不要他做的事，你也不會憤怒，因為你不需要他做或不做任何事，因之不會憤怒。

當某某人不友善時，你不會憤怒，因為你不需要他友善。當某某人不愛你，你不會憤怒，因為你不需要他愛你。當某某人殘忍、傷人或想要傷害你，你不會憤怒，因為你不需要他們的行為有所不同，因為你清楚你不可能受到傷害。

甚至當有人要取你的性命，你也不會憤怒，因為你不懼怕死亡。

當你不再有恐懼，則任何其他的東西都不會使你憤怒。

因為，你內在知道，直覺上知道，一切你們所創造的都可以再創造，或說——更重要的——那不重要。

當你找到內在和平，任何人、任何地方、任何事物、條件、狀況、處境的在與不在，都不能再是你心境的創造者，不再是你生存經驗的起因。

這並不意謂你摒棄肉體的一切事物，全然不是。你充分的體驗你肉體的存在及其一切的歡悅，是你前所未有的。

然而你對肉體事物的涉入是自願的，並非不得已的。你體驗肉體的感覺，因為你選擇如此，而非因為你為了要覺得快樂，或為了要感到有理由悲哀，而不得不如此。

這個單純的改變——尋求並找到內在的和平——若人人實行，就可以終止所有的戰爭，消弭衝突，防止不公，為世界帶來長遠和平。

不需其他方式，也不可能有其他方式。世界和平是個人的事！所需要的不是改變環境，而是改變意識。

當我們肚子餓時，怎麼能找到內在和平呢？當我們口渴時，怎麼心境清涼？寒冷而無處遮蔽風雨時，怎麼可能安靜？當我們所愛的人正要平白死於非命，我們怎能不憤怒？

你說的話非常詩意，但詩意可以當飯吃嗎？你這些話對衣索匹亞眼睜睜看著孩子因為連一片麵包都沒有而餓死的媽媽有用嗎？對中美洲為了不要軍隊劫掠他的村莊，而被子彈穿胸的人有用嗎？對在布魯克林被一群混混強暴八次的女人有用嗎？對愛爾蘭星期天早上放在教堂的炸彈炸死的一家六口有用嗎？

這些事情聽來確實讓人難過，不過我還是要說：一切事物中自有其完美。努力去看出其中的完美。這乃是我所說的意識之改變。

不需要任何東西。不欲求任何東西。呈現什麼，就選擇什麼。

去感受你的感覺。哭你的哭，笑你的笑。尊崇你的真情實況，然而當一切情感過去，仍舊靜靜的知道我是神。

換句話說，在最大的悲劇中，仍看出那歷程的榮光。即使在你被子彈穿胸將死之際，即使在被幫派混混強暴之際。

這話聽起來是那麼不可能做到，但當你移向神的意識，你就可以做到。

當然，你並非必須做到，這依你希望如何體驗當下而定。

在巨大的悲劇中，挑戰永遠是自靜其心，走向靈魂的深處。

當你對情勢不能控制時，你會自動如此。

你有沒有跟那開車突然衝往橋下的人說過話？跟那曾面對槍口的人說過話？或跟那差點淹死的人？他們往往會告訴你，時間慢下來了，他們感到一種出奇的安靜，完全沒有恐懼。

「不要怕，因為我與你同在。」這詩句，乃是對那面臨悲劇的人所說的。在你最黑暗的時刻，我會是你們的光，在你們最沉鬱的時刻，我將是你們的安慰。在你們最艱困的時刻，我將是你們的力量。因此，要有信仰！因為我是你們的牧者，你們不致匱乏。我將要讓你們躺在綠色的草地上，我將引導你們到安靜的水邊。

我要維護你們的靈魂，以我之名，帶你們走入正途。

即使你們走過死亡陰影之谷，你們也不必害怕邪惡，因為我與你們同在。我的手杖會安慰你們。

在你們敵人的面前，我為你們預備餐桌。我會用油膏抹你們的頭，你的杯子將是滿的。

當然，在你有生之日，美好與仁慈將會跟隨你，你將住在我的屋中——和我的心中——直至永遠。

12 愛給予一切，而一無所求

這很棒。你說的真的很棒。我希望全世界都能做到。我希望全世界都能懂，都能信。

這本書可以對此有所幫助。你也對此有所幫助。因此，在提升集體意識上，你扮演了一個角色，提升集體意識是每個人都必須做的。

對。

現在，我們可以換個新的主題嗎？我認為談談這種態度——這種觀點——是很重要的。而你原先也曾提過，要好好談一談它。

我說的這種態度許多人都有，他們認為給窮人已經給得夠多了；我們必須停止向富人課稅——事實上，這等於辛勤工作只為了受到懲罰，以便為窮人提供更多東西。

這些人認為，窮人之所以窮，是因為他們想要窮。許多人根本不想自強，他們寧可喝政府的奶水，也不願為自己負起責任。

有許多人認為均富——分享——是社會之惡。他們引證共產主義的宣言——各盡所能，各取所需——來證明：透過所有人的努力來維持所有人的基本人性尊嚴，這種觀念是來自魔鬼。

這些人認為「人人為自己」。如果有人說，這種觀念冷酷無情，他們又辯道，機會人人平等。他們說，沒有一個人生而處於不利；他們說，如果他們能「做得到」，則人人都能——而如果有人做不到，「那是他們自己活該」。

你覺得那是一種傲慢的想法，起源於忘恩負義。

對。但你覺得呢？

我不對這事做審判，它僅是一種想法。對於這種或任何其他想法，只有一個問題是重要的，就是抱持這種想法對你有益嗎？就以你是誰和你想要是誰而言，那種想法對你有益嗎？看看這世界。這乃是人類必須自問的。抱持這種想法，對你有益嗎？

這是我的觀察：有些人——真的，整群整群的人——降生到你們所謂不利的環境。這在客觀的事實上是真的。

在非常高的形而上的層面，沒有一個人是「不利的」——這也是真的。因為每個靈魂為了完成它想要完成的，都為它自己創造了正是它所要的人、事、物。

一切都是你們選擇的。你們的父母、你們的出生地、圍繞著你們「再來」的一切環境。

同樣，你們一生所有的歲月，所有的時辰，都不斷在選擇和創造正是你們所需要的人、事、物，以帶給你們所需要的機會，以便讓你們知道你們真的是誰。

換句話說，就以靈魂所想要完成的而言，沒有一個人是「不利」的。比如，靈魂可能希望以一個殘障的身軀來工作，或在一個壓抑的社會、在巨大的政治或經濟壓力下工作，以便製造出它為完成目的所需的環境。

所以，在物質的意義上，我們真的看到有些人面對「不利」的條件，但在形而上的意義上，這些條件卻正是恰當而完美的條件。

就事實上來論，這對我們又是什麼意義呢？我們應對那些「不利的」人提供幫助嗎？或只是眼睜睜的看著他們去「受完他們的業」。因為事實上，這不正是他們所想要的嗎？

這是一個非常好也非常重要的問題。

首先要記得，你們所思、所言、所為的一切，都只是你們對自己所做的決定之反映；是你是誰的一個聲明；是一項創造行動，以決定你想要是誰。我反覆的提到這點，因這是你們在此唯一在做的事；也是期望你們要做的唯一一件事。你們的靈魂沒有別的事，沒有別的議程。你們在尋求和體驗，並創造「你們真正是誰」。你們每一刻都在創新自己。

現在，在這個架構內，當你遇到一個以你們的世界相對的用詞而言處於不利立場的人，你第一個問題必須是：在此關係中我是誰，我選擇要是誰？

換句話說，當你在任何環境中遇到另一個人時……你所要問的總是：我在此要的是什麼？

你聽到了嗎？你的第一個問題總應是：我在這裡要的是什麼？而非別人在此要的是什麼？

在人與人的關係方面，這是我曾聽過的最微妙的話。這和我受過的任何教誨也都大相逕庭。

我知道。但你們的關係之所以一團糟，正是因為你們總想猜測別人——而非你自己——真正要什麼。然後，你們必須決定要不要把他們所要的給他們。而你們的決定則是這樣下的：你們先看看可以從他們那裡要到什麼，如果你們認為不能從他們那裡要到什麼，那麼，原先你們打算給他們東西的理由就消失了，所以，你們就很少給他們。反過來說，如果你們看出可以從他們那裡得到什麼，那麼你們的自我求生心態就會涉入，於是你們就給他們東西。

然後你們就忿忿然——尤其如果那人並未如你們所預期的，給你們所要的東西。

這是一種「買賣」。你們維持巧妙的平衡。你供我所需，我供你所需。

然則人與人的關係——包括國家與國家、民族與民族、個人與個人的關係——用意完全不是在此。你們跟任何人、任何處所、任何事務的神聖關係，用意均不在釐清他們要什麼或需求什麼，而在釐清你們自己為了成長，為了做你們想要做的人，在此刻，你們需求什麼或想要什麼。

這乃是何以我創造了與其他事物的關係。若不是為了這個，你們可能就繼續活在真空、虛空、那永恆的全有（the Eternal Allness）中——而你們本是由此而來。

然則在那全有中，你們僅是存在（are），而不能體驗到身為任何單一事物的「覺察」；因為在那全有中，沒有任何東西是你們所不是的。

因此，我設計出一個方式，讓你們重新創造並知道在你們的經驗中你們是誰。為此我提供以下幾點：

1相對性：在這個系統中，你們可以以跟其他事物有相對關係的事物而存在。

2遺忘：藉由這個程序，你們甘願全然忘卻，因之你們不能知道相對性只是一個把戲，不知道你們其實本是一切（All of It）。

3意識：一種存在狀態，你們在其中成長，直至充分覺察（覺醒），然後成為一個真正的、活生生的神。隨著你們把意識伸向新的界限——或應說，伸向無界限——你們創造並體驗你們自己的真相，擴充並探測此真相，改變並再創造此真相。

在這個範型中，意識是一切。

意識——意識到你們所真正覺察的——乃是一切真理的基礎，因之是一切真正精神性（靈性）的基礎。

但這又有什麼意義呢？你先使我們忘記我們是誰，以便讓我們可以記起我們是誰？

不很正確，是以便你們可以創造你們是誰和想要是誰。

這乃是神成為神的行為。這乃是我成為我——藉由你們！

這乃是一切生命的意義。

藉由你們，我體驗我是誰，我是什麼。

若非你們，我可以知道，卻不能體驗到。

知道與體驗到，是不同的東西。

我會時時都選擇體驗。

事實上，我真的這樣做——藉由你們。

我似乎偏離了原來的問題。

好吧，跟神說話就是很難鎖定在一個主題上。我是那種滔滔不絕的人。讓我們看看我們能不能回去。

哦，對了——對那些比較不幸的人該怎麼辦。

首先，確定在跟他們的關係中，你是誰，你是什麼。

其次，若你認定自己是救援、是幫助、是愛、是關懷、是慈悲，就看看你怎麼樣才能把這些做得最好。

要注意，這跟別人是什麼或做什麼無關。

有時候，你愛別人的最佳方式，你能給予的最大幫助，是別管他，是讓他們因自助而增強能力。

這就像一個宴會。生活是一鍋大雜燴，你可以給他們一個大大的自助餐。

記住：你能給人最大的幫助就是喚醒他們，提醒他們「他們真正是誰」。有許多途徑可以這樣做。有時是一點小小的幫助，有時是推一把、拉一把……有時是決定讓他們自行其是，循他們自己的途徑，走他們自己的路，而你不做任何的介入或干預。（所有的父母都懂得這種選擇及其中的苦。）

你為那些比較不幸的人盡心盡力的機會，是提醒（remind）他們對自己有新的心（New Mind）。

而你，對他們也必須有新的心，因為如果你視他們為不幸者，他們就會是。

耶穌偉大的禮物就在他以每個人真正是誰來看待他們。他拒絕接受表象；他拒絕相信別人自以為是的樣子。他永遠都有更高的想法，他永遠都邀請別人採用這種想法。

然而他會尊重別人所做的選擇。他並不要求別人接受他的更高想法，而僅僅是邀請。

他也慈悲為懷——如果別人選擇自己為需要幫助的生命，則他也不因他們錯誤的評估而拒絕他們，卻任許他們去愛他們的實相——並慈愛的協助他們扮演他們所做的選擇。

因為耶穌知道，對某些人來說，通往他們是誰的最快途徑乃是通過他們不是誰。

他並不管這種途徑叫不完美的途徑，也不責備。他寧可把此途徑也視為「完美」——因此協助每個人去做他們想要做的人。

因此，任何向耶穌求助的人，都可以得到幫助。

他不否定任何人，總是小心著使他給予的幫助可以支持那人最充分、最誠摯的欲望。

如果有人真誠的尋求開悟，誠摯的表示了已準備向另一層次移轉，他也給他們力量、勇氣與智慧去做。他把自己當作例子——正當如此——鼓勵他人，若他人不能做別的，則信仰他。他說，他不會帶他們迷途。

有許多人真的將自己託付給他——而一直到今天，他仍在幫助那些呼求他的名字的人。因為他的靈魂致力於喚醒那些想要在他之中充分覺醒和充分生活的人。

然而，基督也對那並不如此的人慈悲為懷。他因此拒絕自以為是，而也正像他在天上的父一樣，從不做審判。

耶穌完美的愛的觀念是，先告訴人們，他們可以得到什麼樣的幫助，而後給予每一個人他們所要的幫助。

他從不拒絕幫助任何人，更不會帶著這樣的想法去拒絕：「這是你自找的。你鋪的床，你自己去睡吧！」

耶穌知道，如果他給人人所要求的幫助，而非僅是他想要給他們的幫助，則他是在他們預備好要接受增強能力的層次為他們增強能力。

這乃是一切大師之路。在過去，在現在，走在你們星球上的大師們都是如此。

我有點搞迷糊了。什麼時候的幫助又會消滅能力呢？什麼時候它不但不能有助於人的成長，反而有害於人的成長呢？

當你的幫助造成持續的依賴，而非迅速的獨立時。

當你以慈悲之名讓別人開始依靠你，而非依靠他們自己時。

這不是慈悲，而是渴求。你有一種權力（能力）渴求症。因為這樣的幫助實際上是能力的牽絆。這種分別是很微妙的，有時候你甚至不知道你是在牽絆對方的能力，你真的以為你在盡己所能幫助對方……然而，你必須小心，不要變成僅僅想使自己有價值。因為，你以什麼程度讓別人依靠你，就是在以此程度使自己有權。而當然，這會使你感到自己有價值。

然而這樣的幫助卻是引誘弱者的一種春藥。

目的是幫助弱者變強，而非讓他們更弱。

這是政府的許多貼補計畫的大問題，因為這些計畫做的是後者，而非前者。政府的計畫可以只是為了自保，政府的目標可以分分毫毫都在證明政府存在的必要——以幫助別人。

若政府的協助有個限度，則人民真正需要幫助的時候就可得到幫助，卻不至於耽溺在接受幫助中，而以之替代自立更生。

政府知道幫助就是掌權，這就是政府為什麼盡可能去幫助更多的人——即使他們不需要幫助——因為政府幫助的人越多，就有越多的人幫助政府。

凡政府所支持的人，便支持政府。

那麼，財富的重新分配（均富）就不應當了。共產主義宣言是魔鬼宣言。

當然沒有魔鬼。但我知道你的意思。

「各盡所能，各取所需。」這話背後的觀念不是邪惡的，而是美麗的。這只是「你是你兄弟的看守者」的另一種說法。這美麗的觀念之變為醜惡，是由於執行的方式使然。

分享，必須是一種生活方式，而非由政府所施加的瘾藥。分享應當自願，而非強迫。

但是，我又來了！以最好的情況而言，政府就是人民，而其計畫只是讓人民跟許多其他的人分享，使它成為一種「生活方式」。我要說，人民透過他們的政治制度來選擇這樣做，因為人民看到了——歷史也顯示了——那些「有」的人不肯跟那些「沒有」的人分享。

俄羅斯農民等到地獄凍結了，也等不到貴族把財富分給他們——而貴族的財富通常卻是由農民艱苦的工作而來。農民所得到的只是勉強維生的東西，「誘使」他們繼續在土地上賣命，而讓貴族更富有。還說什麼依存關係！這是一種「只有你幫助我，我才幫助你」的安排，比政府所發明過的任何東西都更剝削、都更污穢！

俄羅斯農民所反抗的就是這種污穢。人民不相信那「有」的會自動自發給予那「沒有」的，而一個新的政府就是由人民的此種挫折而產生，這政府保證所有人都得到同等待遇。

當瑪麗·安東妮（Marie Antoinette）懶洋洋的躺在她寶石底座的鑲金浴盆中時，窗下的饑民衣著襤褸、喧騰喊叫，瑪麗卻慢嚼著葡萄說：「讓他們吃蛋糕去！」

這乃是使被踐踏者起而反抗的態度。這乃是造成革命的原因，這乃是製造出那所謂的反對黨政府的原因。

那取自富人而給予窮人的政府，稱之為反對黨政府；那任富人剝削窮人而袖手旁觀的政府，稱之為鎮壓的（repressive）政府。

去問問今天的墨西哥農民。據說，整個墨西哥是由二十或三十個家族——那些有錢有勢的精英分子——在經營（主要是因為這些人擁有墨西哥），而兩千萬或三千萬人民卻生活在赤貧中。所以，一九九三年至九四年，農民發起了叛變，想要迫使精英分子政府承認幫助人民的義務，提供維持生活最低尊嚴的需求。精英分子政府和「民有、民治、民享」的政府是截然不同的。

人民政府豈不是由憤怒的人民締造出來？因為他們已經對人性感到絕望！政府的計畫豈不就是替那些不肯自願提供補救的人提供補救？

這豈不是居住法、兒童勞動法的肇因？豈不是支援需養育孩子的母親的計畫之肇因？社會保險豈不是政府為年長者提供的支援，以便那些家人不能或不願扶養的人能得一些供應？

若沒有政府的管制，則我們就不會願意去做那些不必去做的事；而我們又厭惡政府的管制。這兩者如何協調呢？

據說，在政府強制要求那些骯髒的有錢礦主，清理他們骯髒的礦坑之前，煤礦工人是在可怕的環境之下工作的。為什麼業主不主動做呢？因為那會減少他們的利潤！而只要能維持利潤盈餘和成長，他們根本不在乎有多少人死在那不安全的礦坑中。

在政府尚未公布最低工資標準以前，業主給生手工人的薪資是「奴隸」薪資。那些想要重返「古老的黃金時代」的人說：「那又怎麼樣？畢竟他們提供了工作機會，不是嗎？而冒著危險的又是誰呢？工人嗎？不是！是投資者，是業主冒著所有的危險！所以，最大的利潤當然應該歸他所有！」

業主是靠勞工來賺錢，但是，凡是認為勞工應受到人性尊嚴待遇的，都被稱之為共產黨！

凡是有人認為不應因膚色而被否定其居住權的，就被人認為是社會主義者。

凡是有人認為女人不應因為她生錯了性別，而被剝奪工作機會或升遷機會的，就被稱為激進女性主義者。而當政府透過人民選出的代表，想要去解決那些有權有勢的人堅持拒絕自己解決的問題時，這政府就被稱作反對黨政府！（不是此種政府所幫助的那些人這樣說，而是那些拒絕主動提供幫助的人。）

沒有任何例子比健康照顧更為明顯的。一九九二年，一位美國總統及其夫人認為上千萬的人不能得到預防性的健康照顧是說不過去的；而這個想法引起了一場健康照顧方面的大辯論，甚至把醫藥業和保險業人士也拉進了裡面。

但真正的問題不在哪一方面的解決之道比較好，不在政府的計畫比較好，還是在私人企業的計畫比較好。真正的問題是：為什麼私人企業不早提出它們自己的解決辦法來？

我可以告訴你為什麼。因為它們沒有必要做。沒人抱怨，沒人申訴。而企業是被利潤所驅使的。

利潤、利潤、利潤。

所以，我的論點是：我們要什麼，就吼、就叫、就抱怨、就申訴。明擺著的真理是：當私人企業不提供解決時，政府會提供。

我們也可以說，政府違背人民的願望而行，但只要人民能控制政府——像美國就大致上做到了——政府就會繼續為社會弊病提供解決之道，因為大多數人並不有權有勢，而因之可以立法來讓社會給予不願自動給予的事物。

只有那大多數人未能控制的政府，才對不公平現象不予理會或只做少量解決。

所以，問題是：什麼樣的政府是管得過多的政府？什麼樣的政府是管得太少的政府？我們又如何、在何處取得平衡？

哦！我還從來沒有看過你這般大發議論呢！從我們第一本書開始到現在，還沒有過。

好吧，你不是說我們要談談人類面對的全球性大問題嗎？我提出的就是一個大的問題。

當然，一個很好的大問題。從湯恩比到傑佛遜到馬克思，幾百年來無不在企圖解決它。

好吧，那你的解決辦法又是什麼呢？

我們又得退回去說，又得繞一下圈子。

好吧。也許我需要再聽一聽。

那麼，我要先說我沒有「解決辦法」。這也是因為我不認為這是問題。它只是它本身那個樣子，而我無所偏好。我在這裡只是描述我所觀察到的；人人可以明顯看到的。

好吧。你沒有解決辦法，你也沒有偏好。那麼，你可以說說你的觀察嗎？

我的觀察是，這個世界尚未能提出一套可以完全解決問題的政府體制——儘管美國的政府已經算是最為接近的。

重點在，公正與善是道德議題，而非政治議題。

政府是人類想要推行善與確保公正的企圖。然則善只能由一個地方誕生，就是人心（heart）。只有一個地方可以蘊含公正的概念，就是頭腦（mind）。只有一個地方可以真正的體驗愛，那就是人的靈魂。因為人的靈魂是愛。

現在我們是在繞圈子，因為這些都已說過。不過，這些討論是好的，所以，我們就說下去。即使反覆了兩三遍，也沒關係。我們現在要做的，是打破砂鍋問到底，看看你們現在要怎麼樣創造它。

好啊，那我就問一個已經問過了的問題。我們所有的法律豈不是都有想要把道德概念法制化的意圖嗎？我們的「立法」行為，不正是對什麼是「對」、什麼是「錯」的協議嗎？

對。在你們的原始社會中，某些民法——就是規約與規定——是有所需要的。（你知道，在那些並非原始的社會中，這類的法規是不需要的。所有的生命都自我規範。）在你們的社會中，你們仍舊面臨著一些最初級的問題。在街角先停再走嗎？買與賣是否要依某些規定？彼此之間的行為是否要有一些限制？

可是，如果每個地方的每個人都遵從愛的法則，即使連那些基本法——禁止殺人、傷害、欺騙，或甚至連闖紅燈——都不應需要，也不會需要。

愛的法則即是神的法則。

所需要的是意識的成長，而非政府的成長。

你是說，我們只要遵守十誡就夠了？

沒有十誡這個東西。（第一部曾對此做過完整的討論。）神的法則是無法則。這是你們所無法了解的。沒有任何要求。

許多人都不會相信你最後這句話。

那就請他們讀第一部，那本書把這句話做了完整的解釋。

這就是你對這個世界的建議嗎？完全的無政府主義？

我什麼也沒建議，我只提供什麼事能行得通，我告訴你們觀察得到的情況。不，我觀察得到的情況不認為無政府——就是沒有任何規範、任何法律制度——可以行得通。這樣的安排只有在進化了的生物中才行得通，而就我的觀察，人類並不是。

在你們進化到自然的去做自然正確的事以前，某種層次的政府是必要的。

在此之前，你們設置政府治理自己乃是明智之舉。你前面所說的一段話是無可厚非的。人類在可以自行其是時，往往不會去做「對」的事。

真正的問題不是政府為什麼要對人民施加那麼多規矩，而是為什麼必須如此？

答案在於你們的分別意識。

就是我們把自己看得各自有分。

對。

但若我們不是分別的，那我們就是一個。而這是否意謂我們互相有責任？

對。

但這不是削弱我們達成個人的偉大時的能力了嗎？設若我對人人都有責任，則共產主義宣言就是對的！「各盡所能，各取所需。」

我已說過，這是一個高貴的觀念。但無情的強制執行剝奪了它的高貴性。這乃是共產主義的難題。並非觀念有錯，而是實行。

有人說這概念必須強制執行，因為這概念違背人的基本天性。

你說中要點。需要改變的是人的基本天性。這乃是必須著手的地方。

促成你所說的意識之轉移。

對。

但我們又在兜圈子了。群體意識不會使個人的能力減弱嗎？

讓我們看看。若這個星球上每個人都得以滿足其基本需求——如果大眾都能過著有尊嚴的生活，擺脫僅為求生而做的掙扎——則這不會為全人類打開從事更高的追求之路嗎？

若人人的生存可以獲得保證，個體的偉大性真會被壓抑嗎？

為了個體的榮光，必得犧牲眾人的尊嚴嗎？

當人的榮光必須以他人為代價時，那又是什麼榮光呢？

在你的星球上，我放置了足供所有人之需的資源。怎麼可能會每年有上萬的人餓死？成千的人無家可歸？上百萬的人缺乏尊嚴的生活？

為了結束這種狀況而給予的幫助，不是那種削減人之能力的幫助。

若你們那些好過的人，為了不要削弱那些飢餓者和無家可歸者的能力，而不幫助他們，則你們那些好過者是偽善者。當別人垂死的時候，那些好過的人沒有一個是「好過」的。

一個社會進化到什麼程度，是以其如何對待其最小的成員來衡量的。如我已經說過的，挑戰在於去尋得幫助人而又不傷害人之平衡點。

你有什麼大方針嗎？

整體的大方針是：當有人產生疑問時，問題總是產生在慈悲之心的有無與大小。

可以用如下的方式來測驗你是在幫助人還是在傷害人：你幫助人的結果，被幫助的人是長大了還是縮小了？是更有能力了還是更沒能力了？

有人說，如果你什麼東西都給人，他們就不怎麼願意自己努力去賺取。

為什麼他們必須為最簡單的尊嚴努力賺取？那還不夠所有的人用嗎？為什麼還要「努力去賺取」呢？

難道人性尊嚴不是每個人的生身權利嗎？不應當是嗎？

除了最低的生活所需以外，如果還想尋求更多——更多的食物、更大的住處、更精美的衣裳——則人可以想辦法去達成這些目標。但人應為了活下去而奮鬥嗎？在一個有足夠的東西可以供養每個人的星球上？

這就是人類面對的核心問題。

挑戰不在使人人平等，而在給每個人基本尊嚴生活的最起碼保障，以便人人可以有機會去選擇什麼是他們更想要的。

有些人會說，某些人你即使給他們機會，他們也不會利用。

這觀察是對的。這產生了另一個問題：對那些不利用這些機會的人，你們曾再給他們一次機會嗎？

沒有。

如果我採取這種態度，你們老早就統統永淪地獄了。

我告訴你們：在神的世界中，慈悲是沒有止境的，愛是永不停息的，忍耐是永不枯竭的。

只有在人的世界中，善才是有限的。

在我的世界中，善是無盡的。

即使我們不值得。

你們永遠值得！

即使我們把你的善丟回你的臉上？

特別是你們這樣的時候。（「如果有人打你的右臉，你就把左臉也讓他打。如果有人要你陪他走一里路，你就陪他走兩里。」）當你們把我的善丟回到我的臉上（順便說一聲，人類對神已經這樣做了上千年），我明白你們只是誤會。你們並不知道什麼符合你們的最佳利益。我之所以慈悲，是因為你們的誤會並非出於惡意，而只是無知。

但有些人根本是邪惡的。有些人天生就壞。

誰告訴你的？

這是我自己的觀察。

那麼你就是看不清楚。我曾對你說過：就以人的世界模式而言，沒有一個人做過任何邪惡之事。

用另一個方式說，所有的人在做事的當下，都在盡力做得好。任何人的任何行動都依當時在手上的資料而行。

我曾說過——意識是一切。你所覺察的是什麼？你所知道的是什麼？

但是，當別人為了他們自己的目的而攻擊我們，傷害我們，甚至屠殺我們時，他們不是在做邪惡的事嗎？

我曾經告訴過你：所有的攻擊都是在求救。

沒有人真正想要傷害別人。那些傷害別人的人——順便說一句，包括你們的政府——也是由於錯置的觀念，以為那是他們獲取某種東西的唯一途徑。

我在本書已經提出過更高的解決法：不要要求任何東西。可以有喜好，但不要有需求。但這卻是一種非常高的生存狀態；那是大師們的境地。

就全球政治而言，為什麼不共同去締造一個世界，去滿足每個人最基本的需求呢？

我們正在做——試著做。

在人類史已經走過幾千幾萬年後，你們能說的只是這樣嗎？

事實是，你們幾乎完全沒有進化，你們仍舊在那「人人為己」的心態中打滾。

你們剝削地球，劫掠她的資源，剝削人民，有系統的剝奪那些不同意你們這些行為的人的權利，稱他們為「激進派」。

你們做這些事，全出於自私，因為你們發展出一種用別的辦法無法維持的生活方式。

你們必須年年砍伐千萬英畝的樹林，不然就沒報紙可看。你們必須破壞許多英里的臭氧層，不然就沒有髮膠。你們必須把河川污染到不可恢復的地步，不然你們就不能讓你們的工商業更大、更好、更多。你們必須剝削你們之中最弱小的人——生活條件最差、受教育最少、最沒有覺察力的——不然你們就無法過著曠古未聞的——也沒必要的——頂尖奢侈生活。而且，你們必須否認自己在做這種事情，否則你們就無法與自己相處。

你們無法在心中找到「單純生活，以便他人可活」。這句汽車保險桿貼紙的智慧，對你們來說是太單純了。它對你們要求得太多，要你們給予得太多。畢竟，你們工作得那麼辛苦，才得到你們所得到的東西。你們什麼也不能放棄！而如果其他的人類——還不用說你們自己孩子的孩子——必須為此受苦，去他的，誰管他，是不？你們自己為了生存必須去做的，別人也可以做！是不？畢竟，人人為自己，是不？

有沒有任何途徑可以脫出這一團糟？

有。我還要再說一遍嗎？意識轉移。

你無法透過政府的行動或政治方法來解決摧殘人類的問題。你們已經這樣試好幾千年了。這個改變必須、也只有在人心中才能做到。

你能把這個改變用一句話說出來嗎？

我已經這樣說過好幾次了。

你們必須不再把神視為與你們有所分別，不再把你們各自視為有所分別。

唯一的解決之途就是那最終的真相：宇宙中沒有任何東西是跟任何東西分別的。一切事物都跟一切生命相連、相依、互動、交織，而這種情況又是內具的、不可改變的。

一切的政府，一切的政策，都必須以此真相為基礎。所有的法律規章都必須以此為根本。

這乃是你們人類的未來希望，是你們星球的唯一希望。

你在本書第一部所說的愛的法則，又怎麼說呢？

愛給予一切，而一無所求。

我們怎麼可能一無所求？

如果你們人類每個人都給予一切，你們怎麼會有所求呢？你們之所以求任何東西，是因為有人不給。不要再不給了！

除非我們每個人都同時這樣做，否則這個辦法是不易生效的。

沒錯。你們現在所需要的是一種全球意識。

然而，全球意識怎麼產生呢？必得有某個人開始。

這是你的機會。

你可以是這新意識的源頭。

你可以是那靈感之源。

事實上，你必須是。

我必須？

不然要誰？

13 如果不能成為禮物，就不要進入那人的生活中

我怎麼開始？

做世界的光，不傷害世界。只尋求建設，不求破壞。帶領我的民眾回家。

怎麼做？

以你光輝的榜樣。只尋求神性。只說真話。只以愛來行事。現在就實行愛的法則，並永遠實行。給予一切，一無所求。避免流俗。

不要接受那不可接受的。

去教導所有那些想要認知我的人。

使你生命的每一刻都是愛的流溢。

將你的每一刻都用以思想最高的意念，說最高的言詞，行最高的行為。在其中，榮耀你神聖的本我，因之也榮耀了我。

為你所觸及的一切生靈帶來和平，以此為地球帶來和平。

以身為和平。

時時刻刻去感受和表達你跟那一切的神聖連結，跟每一人、每一物、每一處的神聖連結。

擁抱每一個環境，承擔每一種錯誤，分享每一份歡樂，沉思每一種神秘，站在每一個人的立場，原諒每一次冒犯（包括你自己的），治療每一顆心，尊重每一個人的真理（真情實況），尊崇每一個人的神，保障每一個人的權利，保持每個人的尊嚴，提升每個人的利益，供應每個人的需求，認知每個人的神性，給予每個人最大的禮物，締造每個人的福祉，在神確實的愛中宣示每個人的未來安全。

為存在於你內在的最高真理做活生生的、會呼吸的榜樣。

在談到自己時要謙虛，免得有人誤會你的最高真理為吹噓。

說話要溫和，免得有人以為你只是要引人注意。

說話要敦厚，使所有的人都認識到愛。

公開的說，免得有人認為你有所隱藏。

要明白的說，以便不致有人誤解。

要常常說，以便你的言詞真正傳出去。

要帶著敬意說，使任何人都不受到屈辱。

要以愛心說，以便每一字句都被人聽到。

用每一個音訴說我。

使你的生命成為禮物。要永遠記得，你是那禮物！

成為每個進入你生活的人的禮物，成為每個你進入其生活的人的禮物。要小心，如果你不能成為禮物，就不要進入那人的生活中！

（你可以永遠是禮物，因為你永遠都是禮物——只是，有時候你不讓自己知道這點。）

當有人出乎意料的進入你的生活中，要找尋那人來此所要接受的禮物。

這是多麼特殊的說法啊！

難道你認為一個人到你這裡來是為別的嗎？

我告訴你：每一個到你這裡來的人，都是為了接受你的禮物。而在這樣做的時候，他也把禮物給你——讓你體驗和實現你是誰的禮物。

當你明白了這個單純的真理，當你懂得了它，你就明白了一切真理中的最大真理：

我送給你們的，

沒有別的——

只有天使。

14 永遠不要提供削弱他人能力的幫助

我有點搞混了。我們可不可以再回頭一下？有些資料似乎有點矛盾。我記得你說，有時候我們能給人的最佳幫助是不要管他。然後，我覺得你似乎又是在說，如果你看到有人需要幫助，永遠不要不幫助他。這兩種說法似乎有衝突。

讓我把你的想法釐清一下。

永遠不要提供讓人削弱能力的幫助。永遠不要堅持提供你認為對方需要的幫助。讓那有需要的人知道你有什麼是可以給予他的——然後聆聽什麼是他們要的，要弄清楚什麼是他們準備要接受的。

提供對方想要的幫助。對方往往會說，或會用行為表明：他們所要的只是不要有人管他。不論你認為你想要給的是什麼，在此情況下，不去管他們，都是你所能提供的最高禮物。

若此後某時，有另外某種東西是對方想要或欲求的，你會注意到是否應由你給予。若是，就給。

然而不要給予任何削弱對方能力的東西。凡是削弱能力的，就是助長或製造依賴者。

事實上，總是有某種辦法，讓你能以加強對方能力的方式幫助對方的。

對那真正尋求你幫助的人，忽視其苦難不是辦法，因為做得太少和做得太多，都會削弱對方的能力。身為更高層的意識，你不會有意的去忽視兄弟姊妹的真實苦難，說任他們「自作自受」乃是你能給他們的最佳禮物。這種態度是最深重的自是與傲慢。它只是讓你為自己的不聞不問找藉口而已。

我要再度向你們推介耶穌的身教與言教。

因為耶穌告訴過你們，我將對那些在我右邊的人說，來，你們這些我祝福的孩子，來繼承我為你準備的國度。

因為我餓了，你們給我吃；我渴了，你們給我喝；我無家可歸，你們為我找到住所。我赤裸，你們給我衣服穿；我病了，你們來看望我；我在監獄，你們為我帶來安慰。

而他們將對我說：主啊！你何時餓了我們給你吃呢？或渴了我們給你喝呢？什麼時候你無家可歸，我們為你找到住處？或赤裸，我們為你穿衣服？什麼時候我們看到你病了，或在監獄，而安慰你呢？

我將回答道：

真的，真的，我對你們說——由於你們對我的兄弟中最小的這樣做，你們就是對我做了。

這是我的真理，永遠為真。

15 我愛你，你知道嗎？

我愛你，你知道嗎？

我知道。我也愛你。

16 社會大革命——收支透明化

由於我們討論的是全球性的問題，並回顧本書第一部中所談過的個人生活問題，我想問問你關於環境的事。

你想知道的是什麼？

環境真如某些環保分子所說正在被破壞，還是這些人只不過是紅了眼睛的激進分子，自由偏左共產黨，統統是柏克萊出身的嗑藥族？

兩者都對。

什——麼？

開開玩笑而已。答案是前者，不是後者。

臭氧層真的破洞？雨林真的被大量砍伐？

對，但還不只這些顯而易見的事，你們還該關懷那些不這麼明顯的事。

請說清楚一些。

好吧。比如，你們星球上的土壤正在迅速減少。你們正在流失用以培育食物的良土。這是因為土壤需要時間復原，而你們的農夫沒有時間。他們要土地生產、生產再生產。所以，那古老的輪耕法就被放棄了，或縮短了。為了趕時間，大量化學肥料投到土壤中。但在這方面和你們在所有其他的事情上一樣，你們不可能發展出取代大自然母親的人造物，不可能供給她所能供給的。

結果是，你們喪失了富於養分的表土，有些地方只剩下幾吋。換句話說，你們在越來越貧瘠的土地上生產得越來越多。沒有鐵質，沒有礦物質，沒有你們依賴土地所供給你們的物質。最糟的是，你們吃的食物裡充斥了因意圖要土地及早復原而施加的化學品。短時間內固然不易看出對身體的傷害，長期下來，你們卻終將可悲的發現這些化學成分留在體內，無益健康。

因為快速翻土而造成的耕地土壤流失問題，不是你們大多數人可以覺察到的，也不是你們那想找時髦議題的雅痞環保分子的妄想。問問你們的土壤學家，你們就會知道很多。這個問題十分嚴重，而且舉世皆然。

而這只是你們傷害一切生命的給予者母親大地的例子之一，原因是你們完全不顧她的需要和自然的秩序。

你們對你們的星球極少關懷，唯一的欲求就是滿足你們自己的激情，滿足你們當前的需要（而大部分又是病態痴肥的），解決你們無止境的更大、更好、更多的渴求。但是，做為一個物種，你們大可以問問，什麼樣的足夠才是足夠？

為什麼我們不肯聽環保人士的話？為什麼我們不顧他們的警告？

在這方面，就像你們星球上所有其他真正重要的事情一樣，有一種模式是顯而易見的。你們在世界上發明了一句成語，把這個問題回答得道道地地，那就是「唯利是圖」。

當我們搏鬥的對象是這般巨大而陰險時，我們如何能抱持可以解決問題的希望呢？

簡單。取消金錢。

取消金錢？

對。或者，至少取消它的隱藏性。

我不懂。

大部分人把他們引以為恥的，或不想讓人知道的事加以隱藏。這乃是何以你們那麼多人隱藏你們的性，何以幾乎所有的人都隱藏你們的錢。這是說，你們在這些方面不公開。你們認為自己的錢是私事。問題就出在這裡。

如果人人都知道人人的財務狀況，則你們的國家和世界將產生前所未有的大變革。然後，在你們的人類行為中，就會有公平、公正、誠實和真正的公利。

現在之所以在市場上不可能有公平、公正、誠實或公利，是因為金錢太容易隱藏。你們可以取了錢，又把它藏起來。聰明的會計師也可以有種種辦法把公司的錢「藏」起來，或讓它「消失」。

由於錢可以藏起來，任何人想要知道任何別人的錢究竟有多少或怎麼用，就無計可施。這使得許多的不公平得以存在和進行——即使我們不說它是雙面手法。比如，同一個公司付給相同工作的兩個人很不相同的待遇。一個人一年五萬七千美元，另一個人卻只有四萬二千美元。這兩個人做的事完全相同，功能一樣，卻只因為前者比後者多了一樣東西。

什麼東西？

陽具。

哦！

沒錯。嗯，陽具。

可是，你不懂。有陽具的比沒陽具的有價值。比較靈敏，比較聰明，顯然囉，也比較能幹。

哼——我不記得造你們的時候造成這樣。我是說，能力上有那麼不一樣。

真的，你真的造了。你竟然不知道，我很吃驚。這個星球上人人都知道。

我們最好別扯了，免得別人以為我們當真。

你是說，你不當真？可是，我們當真啊！這個星球上的人當真！這乃是為什麼女人不能當天主教和摩門教的教士、不能在耶路撒冷的哭牆站錯邊、不能爬到全球五百大企業的頂級主管、不能當客機駕駛員、不能……

好了。我們回到主題。我的意思是：如果金錢的來往不隱藏，而是透明化，則差別待遇就會困難得多。如果所有的公司都被迫公布它們給所有員工的薪餉，那全球所有的工作場所會怎麼樣呢？不是某一類的工作有某一類的薪俸，而是每個人實際上得到多少報酬。

嗯，那「使人相爭，從中取利」的事，就會直接被丟到窗外。

對。

「他不知道的事不會傷害他」也丟。

對。

「嗯，如果我們能少給她三分之一就能雇到她，何必多給」也丟。

對，對。

拍馬屁，卑躬屈膝，搶跑道和公司策略等等，也一律丟到窗外。

還有很多很多事情會從工作場所消失，會從世界上消失。而使其消失的方法，只是把金錢的來龍去脈透明化。

想想看。如果你們確確實實知道每個人有多少錢，每個公司、每個董事真正賺了多少錢，每個個人、每個公司又如何使用金錢，你認為世界上的事情會有所改變嗎？

想想看。你認為世界上的事要怎麼樣才能改變？

明擺著的是，如果大家都知道世界上的事在怎麼進行，則有百分之九十的事是他們不可能忍受的。如果世界上所有的人立刻都知道財富是如何過分的不平均分配、如何獲得，又如何用以獲取更多的錢，則這個社會不可能允許這些情況的存在。

沒有任何方式比把金錢放在公眾審視之下更能助長得當的行為。這乃是何以你們所謂的「陽光法案」那麼有助於釐清你們的政治與政府爛污。公聽會與公共說明會大大有助於消除二〇、三〇、四〇和五〇年代你們在市政府、學校董事會和政治管轄區及中央政府的黑箱作業。

現在已是時候，把「陽光」帶到你們星球上產品與服務業的報酬上。

你的建議是什麼？

這不是建議，而是激將。我量你們不敢丟掉你們所有的錢——所有的紙幣、硬幣、各國的貨幣，重新開始。研發一種國際金融制度，使它完全公開，完全透明，立刻可以追蹤，完全可以計算。設立一種全球報酬系統，使人民可以因他們提供的服務與產品而得到匯入（Credits），因得到的服務與產品而匯出（Debits）。

一切事物都記在這匯入和匯出的帳上。投資的收入、遺產繼承、賭博的贏輸、薪俸、小費和退休金統統記在帳上。沒有其他可用的貨幣。而每個人的紀錄都可以對任何人公開。

曾有人說過，告訴我那人的銀行帳目，我就可以告訴你他是什麼樣的人。全球報酬系統就接近這個說法。對於人，大家會比現在知道的多得多。但你們不僅是互相知道的多得多，而且對樣樣事情也都知道的多得多。對各公司付出的款項、所花的錢，以及它們每項產品的成本和售價也知道得更多。（各公司在各種產品的標價牌上如果寫上兩種價格——一是成本，一是售價——你能想像它們會怎麼樣嗎？這會不會把售價拉低或什麼的？會不會增加競爭？加速公平交易？這樣一種設施的後果，你簡直難以想像。）

在這種新的全球報酬系統之下，匯入和匯出都將是立即而全然透明的。也就是說，任何人都可以在任何時候去核查任何人或任何機構與組織的帳目，沒有什麼東西是秘密的，沒有什麼東西是「私密」的。

全球報酬系統會從自願扣除的人士那裡每年扣除其百分之十的收入。這系統中將沒有所得稅，不需填表，不需計算扣除額，無需「逃」稅，無需做假帳。由於所有的紀錄都是公開的，人人都可以看到誰為了公共福利而提供十分之一的收入，誰沒有。這些自願額就用來維持政府所有的計畫與服務——而政府當然是由人民選出的。

這整個系統都將是非常簡單、非常透明的。

這世界將不會允許這樣一種東西存在。

當然不會。而你知道為什麼嗎？因為這樣的系統會使任何人都不可能去做他們不想讓別人知道的事。可是究竟又為什麼要做這種事呢？我告訴你為什麼。因為目前你們的社會系統，是建立在「占便宜」「投機」和「適者生存」的觀念上。

當你們社會的主要目標是所有人的生存，是所有人的平等利益，是為所有人提供美好的生活（所有真正啟蒙的社會都是這樣），則你們就不再需要偷偷摸摸私下耍花招，也不再需要可以隱藏的錢。

你能不能明白，這樣一種系統如果實行，你們許多老式的腐敗——還不說小型的不公不義——都會消失？

此處的秘密，此處的關鍵，在於透明。

哦，好個想法！在我們的金融事務上絕對透明！我一直想找個理由說它為什麼「不好」，說它為什麼「不行」，卻找不出來。

你當然找不出來，因為你沒有東西可藏。但你能不能想像世界上那些有錢有勢的人會怎麼想，怎麼叫喊？他們的每一舉、每一動、每一買、每一賣、公司的每一定價、每一薪水談判、任何方面的每一個決定，都只要看看他們的帳目，任何人就可一目了然，他們會怎麼樣？

我告訴你：沒有任何方式比透明化能夠更有效的導致公平。

透明化只是真相的另一用詞。

認識真相，真相會讓你自由。

政府、公司、有權有勢的人知道這一點。這乃是為什麼他們絕不允許他們所設計的任何政治的、社會的或經濟的體系以真相為基礎。

在已啟蒙的社會中，沒有秘密的存在。每個人都知道每個人有什麼，賺多少，在薪俸、稅捐和公益上付出多少，每個公司索價多少，買多少，賣多少，利潤多少，什麼樣的利潤——總之，一切。

你知道為什麼在啟蒙的社會中可以做得到？因為，在啟蒙的社會中，沒有一個人願意以別人為代價而得到或擁有任何東西。

這真是一種激進的生活方式。

在原始社會中顯得激進，沒錯。在啟蒙的社會中，卻似乎顯然是適中的。

這個「透明化」的概念讓我覺得很有意思。有可能把它擴充到金融事務以外去嗎？可以把它視為我們人與人的關係之座右銘嗎？

倒希望如此。

不過還不是。

沒錯。還不是。在你們的星球上，還不是。大部分人仍舊有許多東西需要隱藏。

為什麼？是為了什麼？

在人與人的關係上——其實，是所有的關係上——是為了怕有所失。是怕損失或不能得到。然而，最好的人際關係——當然，包括最好的浪漫關係——是每個人都知道每樣事情。在這樣的關係中，透明化不僅是座右銘，而是唯一的言語。這樣的關係中，沒有秘密存在；沒有東西是隱藏的、掩飾的、遮蓋的、粉飾的；沒有東西是不托出、不說出的。其中沒有猜疑，沒有把戲，沒有捉迷藏，沒有避重就輕，沒有虛情假意，沒有言不由衷。

但是如果人人都知道我們心裡所想的一切——

停。這不是說沒有內心的秘密，沒有個人心理的活動空間。我所說的不是此意。

我所說的只是在你與人交往時要坦誠，只是當你在說話時要說真話，當你知道該說時，就不掩藏真相。這只是不再像你們人類的許多溝通中那樣扯謊、掩飾，用語言或意念的操縱把真相弄成一百零一種假象。這只是乾乾淨淨，是什麼說什麼，有話直說。這只是保證人人可以獲得他對某件事所需要的資料與所知的事項。這只是公正與公開……總之，這只是透明。

然而，這並不是說每個念頭，每種私下的恐懼，每一個黑暗的回憶，每一種飄忽的判斷、意見或反應，都必須搬到檯面上來檢查和討論。那不是透明，那是瘋狂。

我們這裡所說的是單純、直接、公開、誠實和完全的溝通。然而即使如此，也是一種駭人聽聞的觀念，賞錢者少。

你可以再說一遍嗎？

駭人聽聞，賞錢甚少。

你應當去參加輕歌舞劇團。

你在開玩笑？我真的待過。

可是，說真的，這是一個了不起的觀念。想想看，整個社會建立在透明原則上。但你確定它會生效嗎？

我告訴你。世界上一半的毛病明天就會煙消雲散。世界上一半的煩惱、一半的衝突、一半的憤怒、一半的挫折……

哦，沒錯，一開始會有憤怒和挫折——因為大家終於發現一般人是如何被玩弄，被當作用完即丟的貨物來利用，被操縱、欺騙——這時，會十分受挫與憤怒。但是，在六十天之內，「透明化」就會把這些反應大部分清洗、沖走。

讓我再度邀請你們。請考慮考慮。

你們認為你們可以過這樣的生活嗎？不再有秘密？絕對透明？

如果不行，為什麼不行？

你不讓別人知道的究竟是什麼？

你對某人說的話有哪些不是真的？

你不對某人說的話有哪些是真的？

為了省事和政治策略而形成的謊騙，真的把世界帶到你們想要去的地方嗎？藉由沉默或秘密行事而對市場、對某一情勢，或對某個個人的操縱，真的對我們有益嗎？「秘密行事」真的會使我們的政府、公司和個人生活順暢嗎？

如果每個人都可以看到每樣事情，又會怎樣呢？

有一件事是頗具諷刺性的。你們沒有看出，你們跟神第一次相遇時，怕的是什麼嗎？你們不明白你們所怕的是戲已演完、虛招已過、舞技已窮，久來的矇騙，不論大小都已走入死胡同？

好消息是你們根本無需懼怕。沒有人要審判你們，沒有人要說你們「錯」，沒有人要把你們丟入永恆的地獄之火。

（對羅馬天主教徒而言，你們甚至連煉獄也不用去。）

（對摩門教徒而言，你們無需永遠被困在最低層的天國，而無法升至「最高天國」，也不會被標名為毀滅之子，而永遠被貶入暗無人知的界域。）

（對你們而言……）

好了。你們已經知道了。你們每個人在各自的神學框架中，構築了神對世人最嚴厲的懲罰觀。我不願戳破你們這個假象，因為我知道你們這些戲碼讓你們覺得好玩，不過……可是根本就沒有這個東西。

也許，當你們在臨死之際，免除了對人生全然透明的恐懼時，你們就可以排除對活著時全然透明的恐懼。

那不是太棒了……

沒錯，豈不是嗎？所以，有讓你們起步的步驟。請回頭閱讀本書第一部的開端，重讀說真話的五個層次。下次決定記得這個步驟，並且實行。求取真相，說真話，天天的生活照實而行。自己身體力行，也對每個你接觸的人這樣做。

然後，準備好赤裸。為透明化而站出來。

這讓人覺得害怕。真的讓人覺得害怕。

先看看你怕的是什麼？

每個人都會離開這個屋子。我怕沒有一個人會再喜歡我。

我明白。你覺得你必須為了讓人喜歡而扯謊。

正確的說，不是扯謊，而是不把所有的事情都說出來。

記住我原先講的話，並不是叫你把所有細微的感覺、意念、觀念、恐懼、回憶、懺悔或什麼都講出來。而是要你只說真話，把自己全然表露出來。在你最珍愛的人面前，你的身體不是可以全裸嗎？

是。

那麼在情緒上又為什麼不可以呢？

這比前者困難得多。

我明白。然而，並不表示這不該推薦，因為那好處是很大的。

嗯，你確實提出了一些有趣的想法：不要有隱藏的計畫，構築透明的社會，任何時候都對任何人關於任何事說實話。嗯！

好些社會——啟蒙的社會——整個都是建立在這幾個少數的概念上的。

我卻一個都沒有見過。

我說的不是你們這個星球。

哦！

甚至不是你們的太陽系。

哦！

但是，要想開始體驗這樣一種新的思想體系會是什麼樣子，你們不用離開你們的星球，甚至不需離開你的屋子。從你自己的屋中開始。從你自己的家庭開始。如果你有事業，從你的公司開始。告訴你公司裡的每個人你做的是什麼，公司做的是什麼，花費的是什麼，每個工作人員做的又是什麼。把他們震出地獄來。我是講真話。你會把他們直接從地獄裡震脫出來。如果擁有事業的人，人人都這樣做，工作就不會對那麼多人而言是地獄，因為工作場所會自動變得更為公平、公正，也會有更為適當的報酬。

對你的顧客明言，你提供的產品與服務，成本是多少。在你的標價牌上寫上兩種價錢：一種是成本，一種是售價。這樣，你還能為你的索價而自得嗎？如果人人都知道了你的成本與售價的比例，你還會害怕別人說你「騙錢」嗎？若有，則對你的售價做調整，使它回到基本公平的範圍內，而不是「能賺多少就賺多少」。

我諒你們不敢，我諒你們不敢。

這需要你們的思想做完全的改變。你們必須像關懷自己一樣關懷顧客。

真的，你們可以此時、此地、今天就開始建構這個社會。選擇在你。你們可以繼續支持舊體制——目前的範型，你們也可以開闢新蹊徑，為世界展現新的道路。

你們可以是這新的道路。在樣樣事情上。不僅是在事業上，也不僅是在你們的人際關係上，也不僅是在政治上或經濟上、宗教上，或這個或那個上，而是在一切事情上。以自身做這新的道路。以自身做這更高的道路。以自身做這最恢宏的道路。於是你就可以真正說：我是道路，我是生命。跟隨我。

如果全世界跟隨你，你不是會為帶它到所至之處而感到高興嗎？

讓這成為你今天的課題。

17 世界唯一的希望——全球一國

我聽到你的挑戰了。我聽到了。現在請告訴我這個星球上眾人的生活事宜。告訴我國與國該如何相處，使舉世「不再有戰爭」？

國與國之間總是會有衝突，因為衝突僅是個體存在的表徵，而且是健康的表徵。然而，用暴力的方式來解決衝突，卻是非常不成熟的表徵。

若國與國之間都願避免暴力解決法，則沒有理由不可避免。

大量的死亡以及生靈塗炭，會使人以為足以使人類願意避免暴力，可是在像你們這樣的原始社會中，情況並非如此。

只要你們以為能贏得爭論，你們就會爭論。只要你們認為可以贏得戰爭，你們就會開戰。

所有這些事情的答案在哪裡？

我沒有答案，我只有——

我知道，我知道！只有觀察！

對。我現在觀察到我以前觀察到的。短期的答案可以是這樣：設立一個某些人所謂的全球一國政府，有一個世界法庭來解決爭訟（此法庭的裁決需是不可忽視，就如目前的世界法庭一樣），並有維持和平的世界武力，以確保不論世界上任何有力量或有影響力的國家不得侵略別的國家。

然而要知道，地球上仍然有暴力。維持和平的武力必須以暴止暴。所以我在第一部中說，不能終止暴政，就助長了暴政。有時候，唯一避免戰爭之途就是戰爭。有時候，為了確保你不再繼續做某件事，你就必須做這件你不要做的事！這明顯的矛盾，乃是神聖二分法的一部分——此法是說，為了最終能成某事——以現在的案例而言，是和平——有時必須先非其事。

換句話說，為了得知你自己是什麼，唯一的途徑往往是去體驗你不是什麼。

明白可見的真相是，在你們的世界中，權力不能再不合比例的掌握在某一國家手中，而必須掌握在這個星球上各國的結合體手中。只有這樣，世界才可能有最終的和平，因為人人確知沒有任何暴君——不論他們自己的國家多大、多麼強盛——能夠或願意侵犯別國的領土，或別國的自由。

小國也無需再為取得大國的善意而出賣它們的資源，或提供自己的土地做為大國的軍事基地。在這新的體制下，小國的安全不再是由拍馬屁取得，而是由真正的支持取得。

如果有任何國家被侵犯，一百六十個國家都會起而反對。如果有任何國家受到任何威脅或冒犯，一百六十個國家都會說不！

同樣，各國也不再遭受經濟威脅，不再在被貿易大國勒索下而加入某種行動，不再為了能夠接受外援而必須符合某些「綱領」，或為符合人道援助的條件而被諭令以某種方式做某些事。

但是你們會有人說，這樣的全球政府體制會削減各國的獨立性與尊嚴。實情是，這會增加它們——而這正是大國所怕的，因為大國的獨立性不是靠法律與正義來保證，而是靠權勢。在全球政府體制下，大國不但不再能自動為所欲為，而且各國的權益都必須受到公平的考慮。大國不再能控制和囤積全球的大量資源，而必須公平與各國分享，使各國都更易於接受到資源，使世界所有的人都更能平均的獲得益處。

一個全球政府將會修平運動場——而這個觀念，直探基本人性尊嚴的核心，乃是對那「有錢」國家的譴責，因為它們要那些「沒錢」的國家去追求自己的財富，可是事實上有錢國家卻早已掌控了全世界所有的財富。

這種說法似乎在談財富的重新分配。可是，那些真正想要更多，而且願意為此工作的人，如果知道他們必須跟那些不想要辛勤工作的人分享，如何能維繫他們的工作熱忱呢？

第一點，這不僅是誰要「辛勤」工作而誰不要的問題。這是一種簡化說法（通常是那些「有錢」人的說法）。這個問題往往是機會問題，而非意願問題。所以，在重建社會秩序中，真正的、首要的重點在確保每個人及每個國家都有平等的機會。

只要現在掌控大量世界財富與資源的那些人繼續緊緊掌控，這一點就無法做到。

沒錯。我提過墨西哥。我並無意損人「國譽」，但我認為這個國家正是此例。一小撮有錢有勢的家庭控制了舉國的財富與資源，而且已經長達四十年。所謂的西方民主「選舉」只是假戲，因為這些家族數十年來也控制了政黨，根本不允許真正的反對者存在。結果呢？有錢人變得更為有錢，窮人更窮。

若有人說工資應從每小時一點七五美元增加到三點一五美元，則有錢人便說，為了經濟發展，為了給窮人工作機會，他們已經盡了多少力。然而實際上，唯一獲得經濟實質發展的是有錢人——那以低廉工資在國內和國外銷售產品獲取巨大利潤的工商業者。

美國的有錢人知道實情就是如此。因而有錢有勢的美國人在墨西哥等地設廠，美其名曰這奴隸般的工資對當地農民提供了了不起的工作機會。但工人卻在不健康、完全不安全的條件下勞動，而當地政府——也是由少數同樣以此牟利的人掌控——則幾乎不加任何規範。在這類的工作場所，健康與安全標準和環境保護實際上是不存在的。

地球沒有受到照顧，在地球上生活的這些人也沒有受到照顧，這些人住在河邊的紙棚中，在河中洗衣，有時也在河中排便，因為他們屋中往往並沒有抽水馬桶。

如此虐待大眾所導致的結果是，許許多多人買不起他們自己工作所製造的產品。可是富有的工商業主不在乎。他們可以把產品運往其他國家，因為那裡的人可以買得起。

但是我相信這種情況終會自食惡果，而且是毀滅性的惡果。不僅墨西哥如此，凡是人被剝削的地方都是。

只要「有錢人」以提供工作機會之名繼續剝削窮人，則內戰是不可避免的，國際戰爭也是不可避免的。

掌控財富與資源已經變得那麼制度化，以致連某些心地公正的人，也幾乎認為它可以接受了，而把它視為開放的市場經濟。

然而，唯有富有的個人和國家所掌握的權勢，才能使這公正的幻象得以存在。實情是，對世界上絕大部分的人口和國家而言，這是不公正的，因為這些個人和國家連想要達到那有權有勢者所早已達到的地步都不被允許。

前面所提的全球政府會把權勢做徹底平衡，使之從資源富裕者轉移到資源貧乏者，迫使資源公平分享。

這就是有權勢者所懼怕的。

沒錯。所以，對於世間的動亂，短程的解決辦法可以構築新的社會結構——一個新的、全球性的政府。

你們之中也曾有一些領袖人物具備足夠的洞察力和勇氣，來倡導這樣一種新世界秩序。喬治·布希就是這樣一位領袖。將來的歷史會比你們現在更願意或更能夠承認他的智慧、眼光、慈悲和勇氣。蘇維埃總統戈巴契夫也是。他是共產國家元首中第一位獲得諾貝爾和平獎的人，他也是一位促使重大政治改革的人，實際上終止了你們所謂的冷戰。你們的總統卡特也是，他促成了任何人都不曾夢想過的比金與沙達特的協議；在他卸任總統之後許久，仍屢次把世界從暴力對抗的邊緣拉回來，原因只在他肯定那簡單的真理：沒有任何人的意見比別人的意見不值得聽取，沒有一個人比別人更沒有尊嚴。

有趣的是，這些把世界從戰爭邊緣拉回的人，這些勇敢的領導者，這些促使人類大步離開當前政治結構的人，卻都只在位一任，就被他們所想要提升的人民弄下台。他們受到舉世不可置信的歡迎，卻著著實實在自己家鄉被摒棄。有人說，人在自己的家鄉不受尊敬。就以這些人而言，因為他們的視野遠遠超出自己人民千萬里之上，後者僅看到有限的、狹隘的利益，所看到的唯有走向這些遠大的視野之際所喪失的利益。

因此，每一個敢於站出，敢於要結束有權有勢者之壓迫的領袖都不受鼓勵，都被污衊。

一直到長程的解決辦法上位之前，情況都會如此。長程的解決辦法不是政治方面的解決辦法。它是唯一真正的解決辦法，它是新的覺醒，新的意識——覺醒到萬眾的一體性，以愛為意識。

追求成功的動機，使人生盡可能豐富的動機，都不應是經濟的或物質的報酬。那種動機是錯置的。這錯置動機乃是此處所討論的所有問題之肇因。

當追求偉大的動機不再是經濟方面的，當經濟上的安全與物質上的基本需求使人人都可獲得，動機將不會消失，而是類別不同；它的力量與決心都會增強，締造出真正的偉大，而不是如現在這種動機所締造出來的、單薄的、過眼煙雲的「偉大」。

但過更好的生活，為子女創造更好的人生，為什麼不能算是好的動機呢？

「過更好的生活」是一個得當的動機。為子女創造「更好的人生」是一個好的動機。但問題是，什麼是「更好的生活或人生」。

你怎麼界定「更好」呢？你怎麼界定「人生」或「生活」呢？

如果你把「更好」界定為更大、更好及更多的金錢、權勢、性和物品（房子、汽車、衣服、CD收藏等等）……如果你把「人生」「生活」界定為目前的存在中從生到死之間這段流逝的時段，則你們就不可能脫離讓你們星球陷於苦難的陷阱。

然而如果你界定「更好」為更去體會、更去表達你們最恢宏的存在狀態，界定「人生」為永恆的、永遠進行的、永不終止的存在歷程，你們就尚可找到自己的路。

「更好的人生」並非由累積財物可以締造。你們大部分人都知道這個，所有的人都說了解這個，然而你們的生活、你們所做的決定（這些決定驅策著你們的人生），卻往往主要是起於「財物」的累積。

你們為財物而效力，你們為財物而工作，而當你們得到某些你們想要的財物時，你們就絕不肯放手。

人類最大的動機是獲取財物。那些不在乎財物的人，便容易放手。

由於你們目前追求偉大的動機在累積世間所能提供的一切財物，所以全世界都處在各式各樣的鬥爭中。為數眾多的人仍在為肉體的生存而掙扎。每一天都充滿了焦急，竭盡所能的謀求。人的心充滿著基本的、求生的問題。能有夠吃的糧食嗎？有蔽風遮雨處嗎？我們能溫飽嗎？為數眾多的人仍舊天天掛慮著這些事情。只因缺乏食物，每個月就有數千人餓死。

少數的人得以獲取合理的基本生活供應，但仍奮力追求更多——多一點安全感，謙卑卻得體的住宅、更好的明天。他們辛勤的工作，害怕是否能更「走到前面」一點。他們的心掛慮著急切的、擔驚受怕的問題。

最少數的是那已經得到了他們所能要求的一切的人——他們已經得到了另外兩種人所想要的任何東西——可是，有趣的是，這一類人裡仍有許多要求更多。

他們的心掛慮的是持有他們所獲得的一切，並擴充他們的持有物。

在這三類人之外，還有一類。那是為數最少的一類。實際上，為數甚微。

這一類人超脫了對物質的需求。他們關切著精神性的真理，精神性的真相和精神性的體驗。

這一類的人視人生為精神性的際遇——靈魂的旅程。他們對人生中所有的事情都以此著眼點來反應。他們把人生中的一切經驗都放在這個範型中。他們所努力的是對神的尋求，是本我之實現，是真理之表達。

隨著他們的進化，這種努力不再是努力，而是歷程。它成為一種自我定義——而非自我發現——的歷程，成長而非學習的歷程，是（being）——而非做（doing）——的歷程。

尋求、努力、伸展與成功的理由變得完全不同。做任何事情的理由都改變了，隨之改變的是做的人。理由變成了歷程，而做的人（doer）變成了是的人（be-er）。

以前，終生尋求、努力的理由是為供應世間事物，而現在的理由則是去體驗天國的事物。以前，關切的主要是肉體方面；現在，關切的主要是靈魂方面。

一切都改變了。生活的目的改變了，生活也因之改變。

「追求偉大」的動機改變了。貪求、保護和擴充世間擁有之物的需求也隨之消失。偉大不再以累積之多寡來衡量。世間的資源正確的被視為屬於一切世人所有。在一個有足夠的資源可以符合所有的人之需求的世界，一切人的基本需求都將會獲得滿足。

人人都會想要這樣做。不必再強求任何人捐不願的稅捐。你們會自願把收成和財富的百分之十拿出來，去支持那供應收成少者的計畫。不可能再有上千上萬的人袖手旁觀另外上千上萬的人餓死的事——而餓死並非由於缺乏食物，而是由於人類缺乏足夠的意願去締造一種簡單的政治體系，使人人得到食物。

這種道德的污穢——目前在你們的原始社會中甚為盛行——在你們改變了追求偉大的動機與定義之後，將永遠消失。

你們的新動機是成為我創造你們所要成為的——神自身的血肉賦形。

當你們選擇去成為你們真正是誰——神的現身——你們就永遠不會再以非神（ungodly）的態度做任何事。你們也無需再貼這樣的汽車保險桿貼紙：

神保祐我

免於被你的

追隨者追隨。

18 你們是原始人

讓我看看我有沒有跟上。此處所呈現的似乎是一個平等而平靜的世界觀，全球各國共有一個政府，而所有的人都分享世界的財富。

記住，當你在談平等時，我們的意思是機會平等，而非事實平等。事實上的「平等」是永不可能達成的，而幸虧如此。

為什麼？

因為平等就是一樣。而世界上最不需要的就是一樣。不是。我在此處所提倡的不是一個機器人世界，人人從中央政府大哥那裡分攤到完全一樣的東西。

我說的是一個得以確保兩件事情的世界：

1 滿足基本需求

2 上升的機會

你們世界的資源是如此豐富，你們卻未能設法做到這兩件事。你們反而讓千萬人陷於社會經濟標尺的最低端，設計了一種世界觀，制度化的把他們困在那裡。你們任許每年有上萬人僅因缺乏最基本的需求而死。

世界儘管如此莊嚴華美，你們卻沒有找到一條足夠莊嚴華美的路，可以不再有人餓死，更不用說互相屠殺。你們實實在在是眼看孩子們在你們面前餓死。你們實實在在是因為人跟你們意見不同而殺害他們。

你們是原始人。

可是我們認為我們是那麼進步。

原始社會的第一個標誌就是它認為自己進步。原始意識第一個標誌就是它認為自己已經啟蒙。

讓我歸納一下。階梯的第一段是確保人人可得兩種基本的需求，而攀登第一段之途是……

兩種轉變——其一是你們政治範型的轉變，其二是你們精神的轉變。

走向世界一體的政府，包括一個被賦予大權的世界法庭，以解決國際爭端，包括維持和平的武力，以使你們選擇來治理你們自己的法律能有力量。

世界政府要包括一個全球國會——地球上每個國家有兩個代表——一個人民大會——以人口數為比例分派代表。

這正像美國政府——兩院；一院以人口數分派代表，一院各州代表人數平等。

沒錯，你們的美國憲法靈感從神而來。

同樣的權力平衡應該構築在新世界憲法中。

新世界憲法中也需構築行政部門、立法部門和司法部門。

每個國家都可以保有維持治安的警力，但各國皆將取消軍隊——正如你們現在各州取消陸軍與海軍，以尊崇你們國家的治安武力。

各國保留在必要時期召集民兵的權利，就如你們各州具有合法權力以維持和動用民兵。

也正像你們各州，全球一百六十個國家，有權以公民投票的方式決定退出合眾國（雖然我想不通為什麼要這樣做，因為在合眾國中，人民比以前更安全、更富裕）。

我——要再為我們心思緩慢的人問一句話——怎樣的一種全球聯邦會？

1終止國與國之間的戰爭，不再以屠殺來解決問題。

2終止赤貧，不再有人餓死，人民與資源不再被有權有勢者剝削。

3終止對地球生態環境的破壞。

4不再永無止境的追求更大、更好、更多。
5讓所有人都有真正平等的機會走向表達自我的最高方式。
6終止捆綁人民的一切限制和歧視——不論在住宅、工作場所、政治體制，或性關係上皆然。

這新世界秩序是否要求財富的再分配？

它不要求任何東西。它會締造——自願自發的——資源的再分配。

比如，對所有的人提供適當的教育，對所有的人提供開放的機會，以運用這種教育於工作場所——以從事帶給他們喜悅的職業。

所有人都受到保證，在任何需要的情況下和任何時刻，都可以得到健康照顧。

對所有人供應基本生活尊嚴的需求，因而活下去不再成為問題。

即使他們不做任何事情去賺取？

你們會認為這些事情必須去賺取，正是你們之所以認為通往天國之路必須去賺取的原因。然而，你們不可能去賺取神的恩寵，而且也沒有必要，因為你們已在恩寵中。這是你們不能接受的，因為這是你們不能給予的。當你們學會了無條件的給予（這是說，無條件的愛），你們就能學會無條件的接受。

這個生命被創造為一個載具，藉由它，你們可以體驗到這個。好好沉緬一下這樣的想法：人有基本生存權，即使一事不做，即使毫無貢獻，有尊嚴的活下去，乃是生命的基本權利之一。我給了你們足夠的資源可以保證人人得以如此，你們必須做的只有分享。

如果有人只是浪費生命，遊手好閒，到處拿「救濟金」——該用什麼方式阻止他們呢？

首先，生命是不是浪費，不是由你們來審判的。一個人一輩子一事不做，只在那裡尋思詩句七十年，最後寫出一首十四行詩，而為千萬人開啟了領會與洞察之門，那是浪費生命嗎？一個人終日扯謊、欺騙、耍詭計、傷人害物、操縱人，但有一天因此記起了他真正本性中的某種東西——比如，他花了一生時間所想要記起的東西——因而在最後進化到更高層次——這樣的生命是「浪費」的嗎？

別人的靈魂旅程不是由你們來審判的，你們該決定的是你是誰，而非別人是誰或未能是誰。

所以，如果你問有人只是浪費生命，遊手好閒，到處拿「救濟金」，應如何阻止——回答是：不用。

但你真的認為這會有效嗎？你不認為那些有貢獻的人會對沒貢獻的人忿忿不平嗎？

如果他們還未覺醒，他們就會。然而那些已經覺醒的人，會以慈悲的心看待那些無貢獻者，而不是以憤怒的心看待他們。

慈悲？

對，因為那些貢獻者會明白，無貢獻者是在坐失最大的機會和最恢宏的榮光：去創造的機會，去體驗他們真正是誰的最高觀念的榮光。貢獻者會知道，他們的懶惰就是他們足夠的懲罰了——如果需要懲罰的話，而實際上是不需要的。

但是，那些真正在貢獻的人不會憤怒於他們辛勞的成果被懶惰的人拿去嗎？

你沒有用心聽。所有的人都被給予最低的生存所需。為了使這件事能夠實行，那些擁有較多的人則被給予機會，使他們得以提供收入的百分之十。

至於收入的多寡，則市場可以決定每個人的貢獻價值，正如你們國家今天的情況。

但這樣就還是有「貧」「富」之分，正如我們今天一樣，這不是平等。

但機會平等，每個人都有機會不愁生存而過一個基本的生活。每個人都有平等的機會去獲取知識，培養技術，在喜悅場所運用天分。

喜悅場所？

這是那時候的人給工作場所的名稱。

但不會還有羨慕嗎？

羨慕，有；嫉妒，沒有。羨慕是一種促使人成長的自然情愫。兩歲的小孩因為看到哥哥可以摸到門把而也想自己摸到，就是起於這種催促與渴望。這裡面沒有什麼錯，羨慕裡沒有錯，它是促動的力量，它是純粹的渴望，它促使偉大誕生。

嫉妒，卻是起於恐懼，使人想讓別人擁有得更少。嫉妒往往是起源於怨恨，它來自怨恨，導致怨恨。嫉妒會殺人，它可以殺人，凡是曾經處在嫉妒的三角關係中的人，都知道這一點。

嫉妒司殺，羨慕司生。

那羨慕的人會得到種種機會以他們自己的方式成功。沒有人在經濟上、政治上、社會中被綁架；不因種族、性別或性取向而被綁住；不因出身、階級或年齡，也不因任何理由；任何理由的歧視均不再能被忍受。

沒錯，仍舊還有「貧」與「富」，但不再有「飢餓」與「赤貧」。

你看，動機並沒有在生活中消失……消失的只是絕境。

但誰來保證有夠多的貢獻者來「負擔」無貢獻者呢？

人類精神的偉大。

哦？

不同於你們可悲信念的是，一般人都無法滿足於僅足以餬口的程度。再者，當第二種範型轉移——精神轉移——發生之後，整個追求偉大的動機也將改變。

有什麼東西會造成這種轉移呢？在兩千年的歷史中，這種事情都沒有發生過。

試以二十億年的歷史——

地球的？為什麼現在不成？

因為，從物質生存移轉開之後，消除了為求基本安全而求大量成功的需求之後，則除了為求體驗壯麗而成為壯麗之外，沒有別的理由。

這能成為足夠的動機嗎？

人類的精神在提升；它不再在真正的機會面前跌倒。靈魂尋求自身的更高經驗，而非更低的。凡是體驗過真正壯麗的人，即使只有一刻，都明白這一點。

那權勢又怎麼樣呢？在這特別的新秩序中，還是有人有過多的財富與權勢。

經濟收入將有限制。

哦，老兄，問題就在這裡。在我說明為什麼這行不通之前，你要不要先說明它為什麼行得通？

好。正如收入有最低限，收入也有最高限。首先，幾乎人人都會把收入的百分之十交給世界政府。這是我原先說過的百分之十自願捐。

沒錯……古老的「平等稅」建議。

在你們目前的社會中，之所以要用繳稅的方式，是因為你們覺醒的程度，還不足以看出為公益而拿出的自願捐符合你們的最佳利益。但是，當我提過的意識轉移發生之後，你們就會看出這種公開的、出於關懷的自由捐獻，是明顯得當的。

我必須告訴你一些事情，你介不介意我在這裡打斷你的話，告訴你一些事情。

不介意，說吧！

這段談話讓我覺得非常奇怪，我從來沒有想過我可以跟神談話，而在此談話中，神會推薦一些政治措施。我的意思是，真的，我要怎麼樣讓人相信神在贊成統一稅（flat tax）！

好吧，我明白你一直把它看成是「稅」，這是因為要你們提供百分之十的財富出來這個觀念對你們很陌生。可是，你為什麼覺得我在這方面有我的看法難以置信？

我以為神是沒有偏好的，沒有意見的，不關心這類事情的。

等等，讓我把話說清楚。在我們上一部談話中——你稱之為第一部——我回答過種種的問題。諸如人與人的關係怎麼處理，正當的生活應該如何，甚至連吃什麼東西都談。那跟這個有什麼不同？

我不知道，就是好像不同。我是說，你真的有政治觀點？你是如假包換的共和黨員？這本書的底牌是多麼驚人啊！神是共和黨員！

那你覺得我應該是民主黨員？老天啊！

酷！不是。我覺得你應該是非政治的。

我是非政治的，我沒有任何政治觀點。

和比爾·柯林頓很像。

嗯，好得很！你聰明起來了！我喜歡幽默，你呢？

我想我沒料到神是幽默的，或政治的。

或有任何人性的，呃？

好吧，讓我把這本書和第一部再為你順一順。

對於你們要如何過你們的一生，我沒有偏好。我唯一的願望是你們充分的體驗自己為創造性的生命，以便你們知道自己真正是誰。

好得很。這我了解——到目前為止，我了解。

我在這裡所回答的每一個問題，我在第一部中所回答的每一個問題，都是以你們身為創造性的生命，想要去做什麼，想要去成為什麼，而做的聽證與反應。比如，在第一部中，你問了我許多如何使人際關係得以運作的問題，記得嗎？

當然記得。

你認為我提出的答案那麼難以接受嗎？你認為我在這方面有我的看法難以置信嗎？

我從沒想過，我只是讀答案。

不過，你明白，我是以你的問題來做回答的。也就是說，設若你想成為什麼或做什麼，有何路可行。我只是為你指路。

沒錯。你是。

我在這裡所做的也是同樣的事。

只是……我不知道……神會講這些事情比會講那些事情更讓人難以置信。

你是覺得更難以同意此處所講的某些事情？

嗯……

如果是，沒關係。

是嗎？

當然。

不同意神，沒關係？

當然。你以為我在做什麼？把你像蟲子一樣壓扁？

我倒沒有想到那麼遠，真的。

你瞧，這世界自從創始以來，就沒有同意過我。從開始到現在，幾乎沒什麼人行我的道。

那是真的，我猜。

你可以確定那是真的。若世人遵從我的教誨——多少千年我派了多少百個老師來——這世界會是一個很不一樣的地方。所以，如果你不同意我，儘管不同意。何況，我可能會錯。

什麼？

我說，何況我可能會錯。哦，我的老天啊……你不至於把這些當福音吧，是嗎？

你是說，我不可以對本書所說的任何話下賭注？

哦！別下！我看你是漏掉了一個很重要的重點。讓我們從頭說起：所有這些都是你搞出來的。

哦，好吧，這讓我輕鬆了許多。我還以為我真得了什麼金科玉律呢！

你得的金科玉律是遵從你自己的心，諦聽你的靈魂，聽取你的本我。即使我向你提供了某種建議、某種觀點，你也沒有義務把它當作你自己的。如果你不同意，就不同意。這是這個練習的整個重點。重點絕不是要你把對任何別的東西或任何別人的依賴轉到這本書上來。為你們自己而思考。而這正是我此時的真面目。我此時是正在思想的你。我是你，大聲的在思想著的你。

你是說，這些資料並非來自至高的本源？

當然是！然而仍有一件事情是你到現在仍然明顯未能領會的：一切都是你創造的——你生活中的一切——正在此時，正在此地。你……你在創造。不是我，是你。

所以……對這些純屬政治的問題，有些是你不喜歡的？好，那麼，改變它們。現在就改。在你把它們當作福音之前。在你使它們成真以前。在你說你上一個念頭比下一個念頭更重要、更實際、更真切之前。

記得，創造你的真相的總是你的新念頭。總是如此。

好啦，在我們這番政治討論中，你有沒有發現任何你要改變的地方？

唉，其實是沒有。我還滿同意你的，偏偏就是這樣。我只是不知道要把這些怎麼辦。

想怎麼辦就怎麼辦。你弄懂了嗎？你一輩子全都是在這麼辦的。

哦，好吧……我想我是懂了。我想繼續我們的談話——如果還沒有斷線的話。

好，那就繼續。

你剛剛是在說……

我是在說，在其他社會——啟蒙過的社會——把收入的一部分拿出來，用於社會公益，是件相當普遍的事。在我們為你們的社會所探討的新體制中，人人每年都可以盡量賺錢，而把所賺的，在某一限度之內留給自己。

什麼限度？

隨便——大家都同意的限度。

超出此限度的呢？

以捐贈者之名捐贈給世界慈善組織，使全世界都知道何人捐贈。

捐贈者對其所捐贈款項的百分之六十有直接分配權，確保他所捐贈的錢給予他所要給予的對象。

其他百分之四十交由世界聯邦立法通過的計畫去運用，並由世界聯邦管理。

如果大家知道在收入達到某一限度之後，再增加的任何東西都要被拿走，他們又哪裡還有繼續工作的動機呢？在他們已經達到此「界限」之後，有什麼東西能不致讓他們中途止步呢？

有些人會中途止步。那又怎麼樣？就讓他們止步。為全球慈善事業而強迫人在到達收入上限之後繼續工作，是不必要的。由消除戰爭而省下來的武器製造費用，足以支付所有的基本需求。在這些儲蓄之外，再加上全球許多人所貢獻的十分之一收入，足可以把社會上所有的人提升到一個新的尊嚴與富裕層次，而不僅只提升少數。而收入達到眾人同意的上限以後所做的捐贈，則為每個人都提供了廣泛的機會與滿足，以致嫉妒與怨恨實際上會在社會上消失。

有些人會不再工作——尤其是那些把人生的活動視為吃力工作的人。但那些把人生的活動視為絕對喜悅的人，則永遠不會停止工作。

並不是人人都能有這樣的工作的。

不對。人人都可以。

工作場所的喜悅跟職務沒有關係，卻跟用意息息相關。

早晨四點起來為嬰兒換尿布的媽媽最懂得這一點。她哼著、逗著嬰兒，你怎麼看也看不出來她是在工作。然而，使她的活動充滿真正喜悅的是她的態度、是她的心意。

我在前面也用過母親的例子，因為母親對孩子的愛最接近這三部曲中我提出的概念。

不過，我還是要問：消除「無限的賺錢潛能」，其用意是什麼呢？這不會剝奪人類最大的機會，最輝煌的某種冒險嗎？

你們還是有機會去賺到多得荒謬的錢。可以將自己保留的收入上限訂得非常之高……比一般人……比一般十個人用得了的還多得多。你們能賺的錢是沒有上限的，有上限的只是你們可以保留的錢。比如說，每年可以保留兩千五百萬美元（我只是隨便舉例），剩下的，就可用於為全人類謀福利。

至於原因──也就是為什麼……

可保留的收入上限可以說是這個星球上意識轉移的一個反映。是一種覺醒：覺醒到人生的最高目的不是最大財富的累積，而是最大的善行──而由此，也必然覺醒到，財富的集中──而非分享──是世界上繼續不斷而驚人的困境最大的單一因素。

累積財富──無限的財富──的機會，乃是資本主義體制的基石，這是一種自由企業與公開競爭的體系，它締造了這世界上從未見過的偉大社會。

問題是，你真的相信這個。

不，不是我。但是我必須在這裡為那些真的相信這個的人說話。

那些真正相信這個的人是沉迷在嚴重的幻象中，完全沒有看到你們星球上目前的現況。

在美國，百分之一點五的最高收入者，持有的財富多於百分之九十的低收入者。八十三萬四千個最有錢的人的全部財富，比最貧窮的八千四百萬人的總財富多了將近一兆美元。

那又怎樣？他們是由工作得來的。

你們美國人習慣於把階級成分視為個人努力的結果。有些人「很有成果」，所以你們就以為人人可以。這種看法是簡化而無知的。它假定人人都有平等的機會，而事實上，在美國正像在墨西哥一樣，有錢有勢的人想盡辦法保有他們的財勢，並加以擴張。

那又怎麼樣？有什麼錯嗎？

他們這樣做，是靠有系統的消除競爭，有計畫的減少真正的機會，集體的控制財富的流向與成長。

他們用盡種種辦法——從不公平的勞工法到「老手聯合壟斷法」。前者使他們得以剝削全球的貧苦大眾，後者使他們盡可能減少新手進入內圈跑道的機會。然後他們又想盡辦法來掌控全球的公共政策與政府計畫，以便更進一步確保人民大眾屈服在他們掌控之內。

我不相信有錢的人都這麼做。也許有一小撮陰謀者，我猜……

在大部分情況下，並不是有錢的個人在做這種事；而是他們所代表的社會體制。這些體制是由有錢有勢的人所創造的，而繼續支持這種體制的，也是有錢有勢的人。個人站在這種體制的背後，可以不負責任的說：對這種壓迫大眾、嘉惠於有錢有勢者的體制，他們沒有任何個人責任。

讓我們再以美國的健康照顧為例。美國數以百萬計的窮人無法接受到預防性的醫療照顧。我們無法指著任何一位特定的醫生說：「這是你做的，這是你的錯。」在全球最富裕的國家，數以百萬計的人除了在急診室和悲慘狀況之下以外，沒有機會看到醫生。

這種情況不能怪罪於任何單一的醫生，但所有的醫生都因而受益。整個醫藥界——和一切相關的企業——都因為制度化的送醫系統而得到前所未有的利益：歧視貧窮的工人階級和失業者。

這還只是使富人更富、窮人更窮的「制度」的一個例子而已。

關鍵是，有錢有勢的人支持這樣的社會結構，而且堅持的拒絕任何改變它們的真正努力。凡是要為所有的人提供真正的機會和尊嚴的任何政治或經濟步驟，他們一律反對。

大部分有錢有勢的人，如果就個人來看，當然都是很好的人，像任何人一樣有慈悲心與同情心。但一提到年收入的上限（即使高得荒誕，每年兩千五百萬美元），他們就會大肆咆哮，說是有違人權，破壞「美國生活方式」和「失去工作動機」等等。

但是，所有那些生活僅足以活口、衣服僅足以保暖、居住環境僅足以蔽風遮雨的人，他們的權利又在哪裡呢？全世界各處需要適當健康照顧的人，他們的權利又在哪裡呢？他們無權因得當的醫療照顧而免於病痛與死苦，而那有錢有勢的人卻動一動他們的小指尖就可得到！

你們星球上的資源——包括繼續被有系統剝削的赤貧大眾的勞動成果——是屬於全世界所有人的，而非僅屬於那有足夠的財勢以行剝削的人的。

而剝削的步驟是以下述方法進行：你們有錢的工商企業家到某個根本無工可作的國家或地區去，那裡的人民赤貧。有錢人設立工廠，提供窮人工作機會——有時每天十個、十二個或十四個小時——而工資卻低於標準，若不說低於人性——而這工資，告訴你，不足以讓工人逃離老鼠橫行的村落，卻足以讓他們活下去，只比沒食物、沒住處好一點。

當有人說話，這些資本家就說：「嗨，他們比以前好，不是嗎？我們為他們改善了很多！他們不是有工作了嗎？我們給他們帶來了工作機會！冒著一切危險的是我們！」

然而，每個鐘頭給他們美元七毛五分錢的薪資，製造的鞋子卻可以賣一百二十五美元，這冒了什麼險呢？

這是冒險還是剝削，純粹的剝削？

這樣一種腐臭不堪的制度，只有在一個以貪婪為動機的世界上，才可能存在。在這樣的世界中，最主要的考慮不是人性尊嚴，而是利潤。

有人說：「相對於他們的社會標準而言，這些農民的生活已經好得出奇了！」說這種話的人是一等一的偽君子。他們會把繩子丟給就要淹死的人，卻拒絕把他拉上岸來，還大言不慚的說：「繩子終究比石頭好。」

這些有錢人不是要把眾人提升到真正尊嚴的地步，而只是讓那些沒錢的人依賴他們，使他們更為有錢有勢。因為，真正有經濟能力的人會衝擊「體制」，而不只是屈從於體制。然而這體制的創造者最最不願看到的，就是對體制的衝擊！

所以，陰謀就繼續下去。而就大部分有錢有勢的人來說，這陰謀並非出以行動，而是出以默許。

所以，你們的路就這樣走下去。一個公司經理因為成功拓展某種飲料銷路而每年得到七千萬美元紅利，而七千萬人卻買不起這種飲料來喝——更沒有足以維持健康的食物可吃，但是對於這樣一種骯髒的社會經濟體制，你們卻一句話都不說。

你們對它的骯髒視而不見，稱之為世界自由市場經濟，說你們多麼引以為傲！

然則書上寫者說：

如果你要完美，

就去把你所有的賣掉，給予窮人。

這樣就必有財富在天國。

但當那年輕人聽到這話就憂慮悲傷地走開了，

因為他的財產太多。

19 從外太空來的生物正在幫助你們

我很少看你這麼生氣，神是不會生氣的，這證明你不是神。

神是一切，神什麼都會。沒有任何事情是不是神的，而神對它自己所體驗的一切，都是在你們之內、以你們之身，並藉由你們而體驗的。你所感受到的憤怒，是你的憤怒。

沒錯。因為你說的話我句句同意。

要知道，我傳給你的每一個意念，你都是透過自己的經驗，自己的真情實況，自己的領會和自己的決定、選擇與宣示來接受的——以表明你是誰，你選擇成為誰。你沒有別的途徑來接受。也無需有其他途徑。

好哇，我們又碰到同樣的問題了。你是誰，這些觀念與感想都不是你的，整本書都可能是錯的？你是在告訴我，我整個跟你談話的經驗，都可能只不過是我的意念與感受的合成？

請考慮一下這樣的可能性：你的意念和感受是我給的；（你又認為它們會從何而來？）我跟你合創你的經驗；我是你的決定、選擇與宣言的一部分。請考慮這樣的可能性：在本書出現以前很久，我就選擇了你，與許多別的人，為我的使者。

我很難相信。

沒錯，這我們在本書第一部中都討論過了。然而，我要對這個世界說話，而方式之一是透過我的教師們與使者們。在這第二部中，我要告訴你們的世界，它的經濟的、政治的、社會的和宗教的體制是原始的。我觀察到你們有集體的高傲，以為這些是最好的。我看出你們許多人對於任何可能會拿走你們任何東西的改變或改善，都加以拒絕，也不管這些改善會對誰有幫助。

我再說一次，你們星球上所需要的是意識的重大轉移、覺醒的重大改變、對一切生命的重新尊重，以及深刻的了解一切的內在關連性。

好哇，你是神。如果你不要事情是這個樣子，你為什麼不改變它們呢？

像我以前對你解釋過的，我自始的決定就是給你們自由，按照你們想要的樣子去創造你們的生活——也因之創造你們的本我。如果我告訴你們去創造什麼，如何去創造，然後又要求你們，迫使你們去這樣做，則你們就無從知曉自己是創造者，而我也失去了我的目的。

但現在，讓我們看看你們在這星球上創造了什麼，看看它會不會讓你們有點生氣。讓我們看看你們隨便哪一天某一家大報的新聞。

就拿今天的吧。

好，今天是一九九四年四月九日，星期六，我看的是《舊金山紀事報》（*San Francisco Chronicle*）。

好，隨便翻到哪一版。

好吧。現在是A7版。

嗯。你看到什麼？

大標題說：發展中國家討論勞工權益。

好得很，唸下去。

報導說，工業國和發展中國家對勞工權益的問題，具有所謂「舊有的分歧」。某些發展中國家的領袖據說「懼怕擴增勞工權益之舉，可能製造一些秘密途徑，使他們的低工價產品不能輸往富裕國家的消費市場」。

該報導繼續說，巴西、馬來西亞、印度、新加坡和其他發展中國家的談判者，拒絕設立一個世界貿易組織的長期委員會——該委員會將要求起草勞工權益政策。

該報導所說的權益是什麼？

它說「工人的基本權益」，諸如禁止強迫勞動，設定工作場所安全標準，並保證集體交涉的機會。

為什麼發展中國家不要這些權益成為國際協議的一部分呢？我告訴你為什麼。第一，讓我們搞清楚，拒絕這些權益的不是這些國家中的工人。發展中國家的「談判者」正是那些開工廠、經營工廠的人，或與之有密切關係的人。換言之，那有錢有勢者。

就像勞工運動發生之前的美國，這些人是由大量剝削勞工而獲益的人。

你可以確定，美國和其他富裕國家的大財團默不吭聲的支持他們，因為這些大財團無法再在其本國不公平的剝削工人，於是在這些發展中國家轉包給工廠廠主（或自行設廠），以便剝削這些外國的工人，因為這些工人還無法保護自己免於被人利用以增加業已骯髒的利潤。

但報導說，是我們的政府——目前的執政者——在推動要在世界貿易協定上加入勞工權益法。

你們目前的領袖，比爾．柯林頓是一個確信勞工該有基本權益的人——即使你們有錢有勢的工業家們不認為。他是在勇敢的跟巨大的既得利益者作戰。其他美國總統和全世界其他領袖已經為了比這個還小的奮鬥而被殺了。

你不是在說柯林頓總統要被謀殺了吧！

讓我們只說，巨大的勢力在正在企圖把他從位置上剷除。他們必須把他弄下來——就如三十年前他們剷除約翰．甘迺迪。

比爾．柯林頓就像約翰．甘迺迪一樣，他所做的每一件事都是大財團所痛恨的，他不但在全球強力推行勞工權益，而且在幾乎所有的社會問題上，都站在小人物這一邊，以對抗頑強的既成體制。

比如，他認為人人有權接受得當的醫療照顧——不論他或她付不付得起美國醫療界所收受的高額醫藥費。他說這些費用必須降低。這使他在美國很多有錢有勢的人眼中變得不怎麼受歡迎——從藥品製造商到保險聯合大企業，從醫學團體到企業主（因為後者必須為工人付出相當數目的保險總額）——因為如果美國窮人要能得到普遍的醫療照顧，那些目前賺大錢的人就會賺得略少一些。

這使柯林頓先生在城裡不能變成最受歡迎的人物——至少在某些分子之間為然，而這些人在本世紀業已證明了他們有能力把總統在任內剷除。

你是說——？

我是說你們星球上「有錢人」和「沒錢人」一直在鬥爭。並在你們星球上流行。只要統治世界的是經濟利益，而不是人道利益，只要人類最關懷的是人的肉體，而不是人的靈魂，這種情況就會一直延續下去。

好吧，我想你是對的。同一份報紙的A14版有一個大標題：德國經濟萎縮引起眾怒。其下的一個標題是，戰後失業達高點，貧富越離越遠。

嗯，報導怎麼說？

報導說，該國失業工程師、教授、科學家、工廠工人、木匠和廚師都甚為騷動。報導說，該國遭遇一些經濟萎縮，而「許多人感到這種困境未能公平分擔」。

沒錯。確實如此。報導有沒有說是什麼原因造成這麼多人被解雇。

有。報導說，這些憤怒的雇工因為原先的雇主「把工廠遷到勞工比較便宜的國家去」。

啊！我倒很好奇有多少在看你們今天的《舊金山紀事報》的人有多少會把A7版和A14版的報導連在一起。

報導還說，當解雇的情況發生時，女性工人總是首當其衝。報導說：全國失業的人，女生占一半以上，而在東部則占將近三分之二。

當然。嗯，我一直在說——儘管你們不願意聽，不願意承認——你們的社會經濟機制有系統的在做階級歧視。儘管你們大聲抗議，說你們在提供平等的機會，實際上卻沒有。為了覺得自己不錯，你們很需要相信這種謊言，而如果有人指出事實，你們就會憤怒。即使把證據拿到你們面前，你們還是會否認。

你們的社會是一個鴕鳥的社會。

好吧！今天的報紙還說了什麼？

A4版報導新聯邦政府強力遏止住屋偏見。報導說：聯邦政府住屋官員正擬定計畫……以從未有的強制力來消除居住的種族歧視。

你們必須自問的是，為什麼要這麼「強制」？

我們有一條公平居住法，禁止在居住方面因種族、膚色、宗教、性別、國籍、殘障或家中的人口多寡而有歧視。然則許多社區卻很少以行動來消除這種偏見。在這個國家中，許多人到現在仍然覺得對自己的私產要怎麼做就可以怎麼做——包括他要把房子租給什麼人或不租給什麼人。

如果有產業的人可被允許做這樣的選擇，如果這種選擇反映的是對某些範圍、某些階級的人的群體意識和一般態度，則這一些人就可能全部被有系統的排除在外，沒有機會去住在像樣的生活環境中。而由於沒有可以租得起的像樣房屋，地主和陋屋吸血鬼（slumlord，譯注：意指從出租貧民窟或陋屋牟取暴利的房東。為求簡便，暫譯為陋屋吸血鬼）就能夠以高價出租不堪的陋室，很少修繕或根本不修。而有錢有勢者剝削大眾，卻美其名曰「產業處置權」。

不過，產業主總是應當有些權利的。

但是當少數人的權利違反多數人的權利時呢？

這一直是所有文明社會所面對的問題。

什麼時候眾人的權利會凌駕個人的權利？社會對此沒有責任嗎？

你們的公平居住法表示你們說有。

而你們有錢有勢的人說：「不行！唯一重要的是我們的權利。」公平居住法之所以不能被遵守與執行，原因全都在此。

我再說一遍，你們目前的總統和政府在強力推行此法。你們的美國總統並非個個都是這般願意對抗有錢有勢的人。

這我明白。報導說，柯林頓政府的居住官員在短短就任期間，比過往十年都對居住歧視做了更深入的調查。公平居住聯盟的發言人——華盛頓的全國顧問群——說，柯林頓政府對公平居住條款的堅持，是他們曾經多年敦促前幾任政府所做而未做的事。

所以，當前這位總統就在有錢有勢的人中樹立了更多敵人：製造商和工業家、藥品公司、保險公司、醫生和藥品聯合大企業、地主、房東，都是有錢有勢有影響力的。

即使在寫這一段文字時——一九九四年四月——壓力就已經排山倒海的向他湧來。

你們一九九四年四月九日的報紙有沒有關於人類的其他報導？

A14版有一張照片，俄羅斯的一個政治領袖在晃動拳頭。照片的下方是一則報導，標題為佐林諾夫斯基（Zhirinovsky）在國會攻擊同事。報導說：維拉狄瑪．佐林諾夫斯基昨天又發動拳戰，毆打他的一個政治對手，對著他的臉嘶吼：「我要你爛在監牢裡！我要把你的鬍子一根一根拔下來！」

你們還會追問國與國之間為什麼會有戰爭嗎？這是一個有分量的政治領袖，而在國會的殿堂裡，他卻必須用拳頭來表示他的男子氣概。

你們的物種是非常原始的物種，你們只懂得強權。在你們的星球上沒有真正的法則（法律）。真正的法則是自然法則——無法解釋，也無需解釋或教導。它是可以觀察得到的。真正的法則（法律）是人人自願同意被其統御的法則，因為眾人本就是自然然被它統御的。因此，他們的同意與其說是同意，不如說是認知它本是如此。

這樣的法律是不必強制執行的。它們本就被執行了——被那不可否認的後果所執行。

讓我舉個例子。高等進化的生物不會用錘子敲自己的頭，因為那會痛。他們也不會用錘子敲別人的頭，理由一樣。

進化了的生物會知道，如果你用錘子敲別人的頭，那人會痛。如果你繼續敲下去，那人會生氣。如果你還是敲下去，那人最後會找一個錘子來敲你的頭。進化了的生物因此知道，如果你用錘子敲別人的頭，你就是在用錘子敲自己的頭。你的錘子是否更多更大，沒什麼不同。因為遲早你會被敲痛。

這種結果是可以觀察得到的。

那未進化的生物——原始生物——也觀察到相同的情況。只是他們不在乎。

進化的生物不願去玩「錘頭最大的得勝」這種遊戲；原始生物卻只玩這種。

順便說一句，這主要是雄性遊戲。在你們這物種中，很少有女人願意玩錘頭遊戲。她們玩一種新遊戲。她們說：「如果我有錘頭，我就敲出正義，我就敲出自由，我就在我的兄弟姊妹之間，在全世界，敲出愛來。」

你是說女人比男人更進化？

這方面我不做審判。我只做觀察。

你看，真相（真理）——如自然法則——是可以觀察到的。而凡不是自然法則的，就不能觀察到，因此必須對你們解釋。必須有人告訴你們，為什麼它對你們有好處。必須向你們展示。這並不容易做到。因為，如果一件事情是對你們有好處的，它會是不證自明的。

只有那並非不證自明的，才需要對你們做解釋。

要說服人民去相信那並非不證自明的東西，需要十分不尋常、有決心的人。這乃是為什麼你們發明了政治家。

以及教士。

科學家不需多說。他們通常都不多話。他們無需如此。如果他們做實驗，成功了，他們就把做出來的拿給你們看。結果會自己說話。所以，科學家往往都是靜默的，並不滔滔善辯。不需要。他們的工作是自明的。更且，如果他們做某種東西失敗了，他們也沒話可說。政治家不同。即使他們失敗了，他們還是說。事實上，有時候他們越是失敗，說得越多。

宗教也是一樣。他們越是失敗，說得越多，不過我告訴你：

真理與神在同一個地方：在靜默中。

當你找到了神，當你找到了真理（實相），你不需要說，它是自明的。

如果你談論神談論得很多，可能因為你仍在尋找。這沒什麼不對，正像你現在這樣。

但宗師們一直都在談論神，而我們這本書所談的也都是神。

你所教的，是你選擇去學的，沒錯。這本書是在說我，也在說生命與生活，這使得本書成為非常恰當的例子。你之所以寫作這本書，是因為你仍在尋找。

沒錯。

是了。那些讀此書的人也是一樣。

但我們談論的主題是創造。你在這一章的開頭問我，如果我不喜歡我在地球上看到的，為什麼我不改變它。

我對你們所做的事不做審判。我只是觀察，並時時加以描述。

但是，我現在必須問你——先忘卻我的觀察，忘卻我的描述——你對你們在地球上所創造的情況，你觀察後有什麼感覺？你只拿了一天的報紙，而你發現：

・有些國家拒絕給予工人基本權利。

・德國在面臨經濟萎縮的情況下，富者益富，貧者益貧。

・在美國，政府必須強制業主遵守公平居住法。

・一個強有力的領袖對他的政治對手說：「我要你爛在監牢裡，我要把你的鬍子一根一根拔掉！」一邊按著他的頭去撞俄羅斯國會的地板。

這報紙還說到什麼其他有關你們這「文明」社會的事嗎？

A13版有一個標題：安拉內戰受災最慘的是平民。小標題說：在叛變區，大頭頭生活奢靡，數以千計的人卻餓死。

夠了，我已經清楚。這還只是一天的報紙？

只是一天報紙的一部分。我還沒有超出A部分。

所以我還要說，你們世界的經濟、政治、社會與宗教體制都是原始的。我不會去做任何事情來改變它，理由我已說過。你們必須在這些事情上有自由選擇與自由意志，以便可以體驗我對你們的至高目的——就是去認知你們自己為創造者。

所以，在經過這麼多千年以後，這乃是你們進化的程度——這乃是你們所創造的情況。

它不會讓你生氣嗎？

不過，你做了一件好的事情，你向我求救。

你們的「文明」曾一再的轉向神，求問：「我們錯在哪裡？」「我們如何可以做得更好？」但你們卻有系統的忽視我的忠告；不過，我並不因此而停止對你們提供幫助。就像好的父母，只要你們問，我就永遠願意提供有幫助的觀察。也像好的父母，即使你們忽視我，我還是願意繼續愛你們。

所以，我就把事情照真正的樣子描述給你們聽。我告訴了你們如何可以做得更好。我用一種讓你們會感到有點憤怒的方式描述，因為我要引起你們的注意。我知道我做到了。

你在本書中反覆說到的意識大轉移，要如何才能發生呢？

有一種緩慢的剝除正在發生。正如雕刻家為創造和顯示雕像最終的美，把石材一層層剝除。這一層層石材就是人類經驗中所不要的部分，而我們現在正在把它剝除。

「我們」？

你們和我，藉著這一套三部曲，還有許多其他使者：作家、藝術家、電視與電影業者、音樂家、歌唱家、演員、舞蹈者、老師、法師、精神導師（沒錯，有些是非常好的，有些是非常真誠的！）、醫生、律師（沒錯，有些是非常好的，有些非常真誠的），全美國和全世界各處都有的，在起居間、在廚房、在院子裡的媽媽、爸爸、祖母、祖父。

你們是祖先，是先驅。

許多人的意識都在轉移。

因為有你們。

會像某些人所說，將有全球性的巨大災難嗎？地球要被傾倒，要被流星撞擊，大地陸沉，眾人才肯諦聽嗎？必須要有外太空的生物來臨，我們被嚇瘋了，才能明白我們原來是一體嗎？我們必須全都面對死亡，才能被激起來去尋找新的生活方式嗎？

這些極端的事情不是必須的——不過，可能發生。

會發生嗎？

你以為未來是可預測的嗎？即使是由神？我告訴你：你們的未來是可以創造的。按照你們想要的樣子創造。

但你原先說過，時間的本質是沒有未來；一切的事情都發生在剎那——永恆的此刻。

沒錯。

好吧。現在地震、洪水和流星在襲擊地球嗎？不要告訴我你身為神，卻不知道。

你想要這些事情發生嗎？

當然不要。但是你說過，一切將要發生的都業已發生——並正在發生。

沒錯。但永恆的此刻也「永遠在變化中」。就像鑲嵌圖（masaic）——一直在那裡，但不斷的在轉移。你不能眨眼，因為當你再睜開，它會不一樣。看、看、看！它變了！

我是不斷變化著的。

是什麼讓你變？

你們對我的想法！你們對它的一切想法意念使它變——當下變。

這一切萬有的變，依思想的力量而定，有時是這般微渺，根本難以覺察……但當有強烈的意念——或集體意念——則會發生巨大的衝擊，造成不可置信的結果。

一切皆變。

那麼——會不會有你所說的那種巨大的、全球性的災難？

我不知道，會嗎？

你們決定。記住，你們現在正在選擇你們的真相。

我選擇它不要發生。

那它就不會發生。除非它發生。

又來了。

沒錯。你必須學會在這種矛盾中生活。你必須了解這最重要的實情：沒有任何事情能把你們怎麼樣。

沒有任何事情能把我們怎麼樣？

我會在第三部做解釋。

嗯……好吧，不過我並不想等那麼久。

這裡已經有足夠多的東西讓你消化了。給自己一些時間，給自己一些空間。

我們不能再等一等嗎？你要離開了，你每次離開時說話都是這樣。我還想再談談別的一些事情……比如，從外太空來的生物，真有這種事情嗎？

真有。這一點，我們也會在第三部中談到。

哦，先透露一點點好不好？

你想知道宇宙其他地方有沒有智慧的生物。

當然有。

他們也像我們這麼原始嗎？

有些更原始，有些較不原始，有些則很進步。

外星人到過我們地球嗎？

到過，許多次。

為什麼？

來探察。有時候提供溫和的幫助。

他們怎麼幫助？

哦，有時推一把。比如，你們一定察覺到過去七十五年的科技進展比以往的全部人類史更快。

是，我想是。

你們以為從CAT掃瞄到超音速飛行，到放在你們身體裡、使心跳規律化的電腦晶片都是人腦想出來的嗎？

呃……是啊！

那為什麼你們不在幾千年前想出來呢？

我不知道，我猜，科學技術還不夠。我是說，一樣會帶動另一樣。那時科技還沒開始，直到它開始。那都是演進的歷程。

十億年的演進歷程，卻在最近七十五年至一百年間，發生巨大的「領會力爆炸」，你不覺得奇怪嗎？

現在這星球上的許多人在一生之內看到許多東西的發明——從無線電到雷達到電子學——你不覺得超乎標準嗎？

你不覺得此處所發生的事，代表某種量子躍進嗎？躍進的步子如此之大，以致不符合任何進步的邏輯？

你在說的是什麼？

我在說，想想看，你們是不是被幫助了。

如果我們在科技上被幫助了，為什麼不在精神上被幫助呢？為什麼不在「意識轉移」上被幫助呢？

你有。

我有？

那你認為這套書是什麼？

嗯——

此外，新觀念、新思想、新概念，天天都擺在你面前。

全球意識轉移的歷程，精神覺醒的增強，是一個緩慢的歷程。它需要時間，需要很大的耐心，許多生，許多世。

然而你們還是會轉回來。你們慢慢在轉移，改變正在靜靜的發生。

你是在告訴我，從外太空來的生物在這方面正在幫助我們？

真的，他們現在就在你們之間。許多，他們幫助你們已經多年。

那為什麼他們不讓人認出來？為什麼不顯現出來？這不是會讓他們的衝擊力倍增嗎？

他們的目的是幫你們達成你們最想要的改變，而不是創造此改變；是促成，而不是迫使。如果他們顯露身分，你們會因他們的現身而被迫賦予他們極大的榮耀，認為他們的話極有分量。大眾的智慧最好是自行產生。從內在產生的智慧不像由別人而來的智慧那般易被拋棄。你們對自己所創造的東西，比別人告訴你們的東西保持得較久。

我們會不會有一天看到他們？會不會真的認出他們真的是外星人？

哦，會。有一天，當你們的意識提升，當你們的恐懼平息，他們就會向你們表明。有些已經這樣做了——對一小撮人。

最近越來越普遍的一種說法是，這些外星人是惡意的——這種理論又怎麼樣呢？是否有些外星人想要傷害我們？

是否有些人類想要傷害你們？

當然。

外星人中的某一些——較不進化的——會被你們審判為如此。然而，要記得我的教誨：不要審判。任何人以其宇宙模式而言，所做的都沒有不適當的事。

有些生物在科技上已經進步，但思想上還沒有。你們人類就類似這樣。

但是這些惡意的生物如果科技如此進步，他們一定有能力毀滅我們。有什麼東西可以阻止他們呢？

你們受到保護。

我們？

對的。你們被賦予機會走完你們自己的道路。你們自己的意識會創造這個結果。

這意思是——？

這意思是，在這件事上，和在所有事情上一樣，你們所想的，你們就會得到。你們所怕的，就會拉向你們。你們所抗拒的，就會堅持。你們所注視的，就會消失——如果你們願意，給你們機會把它全然重新創造，不然就從你們的經驗中完全消失。

你們所選擇的，你們會經驗到。

嗯——這和我生活裡的經驗似乎不怎麼相合。

因為你懷疑這力量，你懷疑我。

這不是個好念頭。

當然不是。

20 去吧，將你的生命做為真理的表述

為什麼人們會懷疑你？

因為他們懷疑他們自己。

為什麼他們會懷疑他們自己？

因為有人告訴他們這樣，教他們這樣。

誰？

那些自稱代表我的人。

我不懂。為什麼？

因為那是控制人的方式，控制人的唯一方式。你知道，你必須懷疑自己，不然你就會收回你所有的權利。這一定不可以，這絕對不可以。對那些目前掌權的人來說，這一定不可以。他們掌握的權力是你們的——這一點，他們知道。而唯一可以繼續掌權的辦法，是阻擋世人去看清、去進而解決人類經驗中兩個最大的問題。

什麼問題？

我在本書中已經一再一再說過了。綜括的說：整個社會，如果

1 放棄分別觀。

2 採取透明觀。

則你們全球的問題與衝突，以及個人的問題與衝突，即使不能說完全解決和消除，也大部分會解決和消除。

永不再把彼此視為分別的，也不再把你自己視為與我是分別的。對任何人除了全部的實情以外不講別的，除了你們關於我的最莊美實相外，不接受任何東西。

第一項選擇會導致第二項，因為當你們看清並了解你們是跟一切為一，你們就不可能說不真的話，或保留重要的資料，或做完全透明（可見）之外的任何事情，因為你們會明白，這樣做是最符合你自己最佳利益的。

但這樣的範型轉移需要偉大的智慧、偉大的勇氣與重大的決心。因為恐懼會襲擊這些概念的核心，稱它為虛妄。恐懼會吞食這些莊美的真理，使它們看似空洞。恐懼會扭曲、輕視、摧毀它們。因此，恐懼將是你們最大的敵人。

然而，除非你們以智慧與清明看清這最終的真理，你們就不可能去締造和擁有你們那一直渴求夢想的社會。這最終的真理是：你對別人所做的，就是你對自己所做的；你對別人未能做的，就是你對自己未能做的；別人的痛苦就是你的痛苦，別人的歡悅便是你的歡悅，當你否定其中的任何部分，你就是否定你自己的一部分。現在已是重新認取（reclaim）你自己的時候。現在已是看出你真正是誰的時候，因而使你自己重又可見。因為當你和你與神的真正關係變得可見（visible），則我們就不可分（indivisible）。沒有任何東西會再把我們分開。

雖然你將會再度生活於分別的幻象中，以之做為工具來重新創造你的自我，但你自此將在生生世世以開悟而行，視幻象為幻象，以遊戲與歡悅的態度去體驗你想體驗的我們是誰的任何層面，卻永不再以其為真相來接受。你永不再需靠「遺忘」來重新創造你的本我。卻為某種理由、某種目的，而自知的運用分別相，選擇呈現為分別相。

當你們這樣完全的開悟了（enlightened）——也就是，再度充滿了光（light）——你們甚至會因某種理由選擇重返肉身生活，以提醒他人。你們可以不為創造與體驗你們本我的任何新層面，卻只為把真理之光帶到這幻象之地，以便讓他人可以看到。那你便是「荷光者」。那時你便是覺醒的一部分。

他們到這裡來幫助我們，讓我們知道自己是誰。

對的。他們是開悟的靈魂，是進化了的靈魂。他們不再尋求他們自己的更高體驗。他們已經有過最高的體驗。他們現在唯一的願望，是把這體驗的消息帶給你們。他們帶給你們「好消息」。他們會指示你們神的道路、神的生命。他們會說：「我是道路與生活。跟隨我。」他們會為你們做模範，讓你們知道，生活在與神有意識的結合中永遠的榮耀是什麼樣子。有意識的與神結合，就叫神識（God Consciousness，神之意識）。

我們一直是合一的，你與我。我們不可能不如此。那是絕不可能的。然而你們現在生活在這種合一的無意識經驗中。以肉體生活於有意識的與一切萬有的合一中，也是可能的；有意識的覺察到最終真相；有意識的表達你真正是誰。當你這樣做時，你就為所有他人做了模範——所有生活在遺忘中的人。你成為活生生的提醒者。以此，你拯救他人免於永遠失落在遺忘中。

這即是地獄——永遠失落在遺忘中。然而，我不會允許。我不允許一隻羊失落，卻會派遣……牧者。

事實上，我會派遣許多牧者，而你，可以選擇成為其中之一。而當靈魂們從沉睡中被你喚醒，重新記得他們是誰，所有的天使在天國都為這些靈魂歡呼。因為，他們曾經走失，現在又找到了。

正在現在，我們這星球上有這樣的人——神聖生命——是嗎？不僅是過去，而是現在？

是的，一直都有，一直都會有。我不會讓你們沒有教師；我不會放棄羊群，我總是會派遣我的牧者來。現在你們星球上就有許多，宇宙的其他部分也有。在宇宙的某些部分，這些生命生活在一起，經常溝通著，經常表達著最高的真理。這就是我曾說過的啟蒙社會。他們存在，他們是真的，他們派遣使者到你們這裡來。

你是說佛陀、克里希那、耶穌是太空人？

是你說的，我沒說。

是真的嗎？

你是第一次聽到這種說法嗎？

不是。但那是真的嗎？

你相信這些大師們在來到地球之前存在別的地方，而在所謂的死亡以後又重返那裡？

是，我信。

你認為那是什麼地方？

我一直以為那是我們所謂的天國。我以為他們來自天國。

而你以為這天國在哪裡？

我不知道。在另一個界域，我猜。

另一個世界。

對……哦，我懂了。但是我會稱為精神世界（The spirit world，靈界），不是像我們所說的另一個世界，不是另一個星球。

那確實是精神世界。然而又是什麼使你認為這些精神體——這些神聖精神體（聖靈）——不能夠或不願意選擇宇宙中的其他某個地方居住呢？——就像他們來到你們世界時一樣？

我想我只是沒有這樣想過，這些都不在我的觀念裡。

「賀拉修，天上地下，有許多是你的哲學所未曾夢想過的。」

這是你們奇妙的形而上學家威廉・莎士比亞的句子。

那耶穌是外星人？

我沒有說。

好吧！他是，還是不是？

耐心點，我的孩子。你太跳過頭了，還多呢，還多得多呢。我們還有整整一本書要寫。

你是說，我得等到第三部？

我跟你說過，我從開始就答應過你。我說，我們有三部書。第一部，討論個人生活的真相與挑戰。第二部，討論這個星球整體一家的生活真相。第三部，我說過，會含括最大的真相，有關那些永恆的問題的。我將在其中顯示宇宙的秘密。

除非它們沒有。

哦，天哪！我不知道我還受得了多久。我是說，我真的是厭煩了這種「生活在矛盾中」。我要什麼是什麼就是什麼。

那它就會是。

除非它不是。

沒錯！沒錯！你懂了！現在你懂了神聖二分法。現在你看到全貌了。現在你領會了整個計畫。

所有以往存在的一切——一切——現在存在，正於此刻存在，將要存在。因此，所有的一切……此刻存在。然而所有存在的，皆在不斷變化，因為生命是繼續進行的創造歷程。因此，非常真實的說，是即非是（That Which IS ……IS NOT）。

這是（ISNESS，存在狀態）是永不一樣的，這意謂是即非是。

好吧，請原諒我——這有天理嗎？這樣任何東西又還能意謂任何東西嗎？

不意謂。不過，你又跳過頭了！所有這些都會有適當時機。所有這些都會有適當時機。在讀過第三部之後，會懂得這些秘密和更大的秘密……除非……全部……

除非全部不懂。

正是。

好吧，好吧……完美得很。但是，姑且設想一下——若有人根本不會讀到這幾本書，則他要在此時此地重歸智慧、重歸清晰、重歸神，那有什麼途徑可循呢？我們需得回歸宗教嗎？這是那失落的環節嗎？

回歸靈性。把宗教忘掉。

這樣的說法會激怒許多人。

許多人對這整套書都會憤怒……除非他們不會。

為什麼你說把宗教忘掉？

因為它對你們沒有好處。要了解，有組織的宗教若要成功，就必須要讓眾人相信他們需要它。為了要眾人相信自身以外的某種東西，他們必須先失去對自己的信心。所以，有組織的宗教的第一個任務，就是先讓你失去對自己的信心。第二個任務是讓你認為它有你所沒有的答案。第三個——也是最重要的一個任務——是要你毫無疑問的接受它的答案。

如果你質疑，你就開始思考了！如果你思考，你就開始返回內在的源頭。宗教不能讓你這樣做，因為你可能得出和它設計要給你的答案不同。所以，宗教必須設法使你不相信自己有直接思考的能力。

宗教面對的難題是，這種設計經常玩火自焚——因為你不能無疑的接受自己的思想，你又怎麼可能無疑的接受宗教所提供的有關神的新觀念呢？

沒多久，你們甚至連我的存在都懷疑了。而諷刺的是，這是你們以前從沒有懷疑過的。當你以你直覺的認知來生存，你可能並不能把我的影像看得清清楚楚，但你卻確定知道我是存在的。

是宗教創造了不可知論。

任何清晰的思考者在察看宗教所做的事情時，必然會認為宗教無神！因為讓人心充滿了對神之恐懼的是宗教，而原先人心對那一切萬有的光輝燦爛是充滿了愛的。

是宗教命令人在神的前面卑躬屈膝，而原先人是歡歡喜喜敞開懷抱站立的！

是宗教要人擔憂神的憤怒，而使人憂心忡忡，而人原本是求神來減輕他的擔子的！

是宗教告訴人要恥於他的肉體與其最自然的功能，而人曾歡慶這些功能，以之為生命最大的禮物！

是宗教告訴你們，為了與神接觸，你們一定要有中間人，而你們曾經為自己只要在真與善中過日子，就可以接觸到神。

是宗教命令人類去崇拜神，而原先人類崇拜神是因為他們根本不可能不如此！

宗教所到之處一定製造分裂——而這正是神的反面。

宗教把人與神分開，把人與人分開，把男人與女人分開——有些宗教真的告訴男人，他高於女人，就像它宣稱神高於人一樣——如此對一半的人類做了前所未有的扭曲。

我告訴你們：神不高於人，男人不高於女人——因為那不是「事物的自然秩序」。但一切掌權的人（也就是男人）都想要它如此，因為他們構築的是男性崇拜的宗教，他們在他們《聖經》的最後版本中，有系統的刪除了一半的資料，並把剩餘的部分強行塞入他們的男性世界模式中。

是宗教一直到今日還在堅持女人比較差，是次等的精神公民，不「適合」去教導神的話語，不適合傳播神的道，不適合當教士。

你們像孩子一樣，到現在還在辯論哪一種性別是由我規定當我的傳教士的！

我告訴你們：你們統統是傳教士！每一個人。

沒有任何一個人或任何一個階段，比另一個人或另一個階段更「適合」做我的工作的。

但你們有許多人正像你們國家一樣，是權力飢渴者。他們不喜歡分享權力，只想展示權力。他們構想的神也是同樣。一個權力飢渴的神。一個不喜歡分享權力卻只想展示權力的神。然而我告訴你們：神的最大禮物是分享神的權力（能力）。

我喜歡你們像我。

但我們不可能像你！那會是褻瀆。

你們被教以這樣的事情才是褻瀆。我告訴你們：你們是以神的形象和本質創造出來的——你們的目的就是去實現它。

你們來到此處，不是為了努力與掙扎卻永不能「到達那裡」。我也沒有派遣你們去完成一個不可能完成的使命。

要相信神的善，要相信神的造物——也就是你們的神聖本我——之善。

你在這部書的前段曾說過一句話，讓我感到很想探究。在這部書將要結束之際，我想再回頭來談談。你曾說：「絕對的權力絕無需求。」這是神的本性嗎？

現在你懂了。

我曾說過：「神是一切，神成為一切。沒有任何事物不是神，而神對其自身的一切體驗，皆是在你們之內，以你們之身，藉由你們而體驗。」我在我最純粹的形式中，我是那絕對。我絕對是一切，因此，我絕對不需、不要、不求任何東西。

由這絕對純粹的形式，我呈現（am）為你們所締造的我。就像你們最後終於看到了神，並說：「嗨！你看怎麼樣？」然而，不管你們把我看成什麼樣，我都不可能忘記我的最純形式，不可能不一直回歸我的最純形式。所有其他一切都是虛構。是你們裝飾打扮成的樣子。

有些人把我弄成嫉妒的神；但因我擁有一切，是一切，我怎麼可能嫉妒呢？

有些人把我弄成憤怒的神；但我既不會以任何方式受到傷害，我又怎麼會憤怒呢？

有些人把我弄成復仇的神；但我向誰去復仇？因為所有存在的一切皆是我。

而我又為什麼只因為我的創造而懲罰我自己呢？——或者，如果你一定要認為我們是分別的，我為什麼要創造了你們，給了你們創造的能力，給了你們選擇的自由，讓你們去創造你們想要的經驗以後，只因你們做「錯」了選擇，而永遠懲罰你們呢？

我告訴你們：我不會做這樣的事——在這個真理中，存在著你們免於神之暴政的自由。

事實上，沒有暴政——除非是在你們的想像中。

任何時候你們想回家就可以回家。任何時候你們想要與我合一，我們就可以合一。跟我合一的喜悅是你們隨時可以領受的，就在當下。清風拂面，夏夜鑽石的天空下蟋蟀的叫聲。

初見彩虹，初聞嬰兒啼。絢爛日落，絢爛人生的最後一息。

我時時都與你同在，直到時間的結束。你與我的結合是完全的——過去一直是，現在一直是，將來一直是。

你與我是一體——現在與永遠皆是。

去吧，將你的生命做為此真理的表述。

使你的日日夜夜成為你內在此一最高理念的反映。讓你現在的時時刻刻充滿了神藉著你而表現出來的絢爛的歡悅。藉著對你所接觸的一切生命之永恆而無條件的愛來這樣表達。成為黑暗的光，而不詛咒它。

成為荷光者。

你本就如此。

是即如此。

NOTES

・如果你無法愛你自己，你便無法愛別人。
許多人犯了一個錯誤，他們經由愛別人來尋求對自己的愛。

NOTES

• 你在關係裡沒有義務。只有機會……
關係提供給你了不起的機會去決定，並且做「你真正是誰」。

NOTES

・為不背叛他人，而背叛自己，終是背叛；那是最大的背叛……
對自己真實，你便不可能，對任何人不真實，猶如夜之隨晝。

國家圖書館出版品預行編目資料

與神對話全集／尼爾・唐納・沃許（Neale Donald Walsch）著；
王季慶、孟祥森 譯. -- 初版. -- 臺北市：方智，2012.3
1120面；14.8×20.8公分 --（新時代；151）
譯自：The Complete Conversations with God
ISBN：978-986-175-260-0（全套：隨身典藏版）

1. 超心理學 2. 神

175.9 101001033

The Eurasian Publishing Group
圓神出版事業機構
用心與你對話・視野無限寬廣
方智出版社
Fine Press

http://www.booklife.com.tw inquiries@mail.eurasian.com.tw

新時代 151

與神對話II（下）

作　　者／尼爾・唐納・沃許（Neale Donald Walsch）
譯　　者／孟祥森
發 行 人／簡志忠
出 版 者／方智出版社股份有限公司
地　　址／台北市南京東路四段50號6樓之1
電　　話／（02）2579-6600・2579-8800・2570-3939
傳　　真／（02）2579-0338・2577-3220・2570-3636
郵撥帳號／13633081　方智出版社股份有限公司
總 編 輯／陳秋月
資深主編／賴良珠
責任編輯／張瑋珍
編輯協力／應佳燕
美術編輯／劉鳳剛
行銷企畫／吳幸芳・簡 琳
印務統籌／林永潔
監　　印／高榮祥
校　　對／賴良珠
排　　版／杜易蓉
經 銷 商／叩應股份有限公司
法律顧問／圓神出版事業機構法律顧問　蕭雄淋律師
印　　刷／祥峯印刷廠
2012年3月　初版
2024年8月　24刷
The Complete Conversations With God
Copyright © 2010 by Neale Donald Walsch
All rights reserved including the right of reproduction in whole or in part in any form.
This edition published by arrangement with TarcherPerigee, an imprint of Penguin Publishing Group, a division of Penguin Random House LLC through Bardon-Chinese Media Agency.
Traditional Chinese edition copyright : 2012 © FINE PRESS

特價：999元（定價：~~1400~~元）　ISBN 978-986-175-260-0
版權所有・翻印必究

◎本書如有缺頁、破損、裝訂錯誤，請寄回本公司調換

Printed in Taiwan